Busco plaza de aprendiz

Hans-Georg Noack

Traducción de Rosa Pilar Blanco

Ilustración de la cubierta de
Fuencisla del Amo

ALFAGUARA

TÍTUTLO ORIGINAL:
SUCHE LEHRSTELLE, BIETE...

TRADUCCIÓN: ROSA PILAR BLANCO

JUAN BRAVO, 38
28006 MADRID
TELÉFONO 578 31 59

I.S.B.N.: 84-204-4635-1
DEPÓSITO LEGAL: M. 8.047-1991

PRIMERA EDICIÓN: MARZO 1989
SEGUNDA REIMPRESIÓN: ABRIL 1991

LA MAQUETA DE LA COLECCIÓN
Y EL DISEÑO DE LA CUBIERTA
ESTUVIERON A CARGO DE
ENRIC SATUÉ ©

Busco plaza de aprendiz

1

Bernhard Willnow abandonó la escuela después de terminar octavo con muy buenas notas. Tenía entonces catorce años, casi quince.

El director de la escuela estaba chapado a la antigua, así que no es de extrañar que cuando todos se congregaron en el gimnasio para la ceremonia de despedida, les hablara de la entrada en la vida. ¡A Bernhard Willnow le habría encantado entrar en la vida, significara lo que significara la frase, si se lo hubieran permitido!

Hasta ese instante, Bernhard Willnow deseaba una mezcla muy variopinta de profesiones, que —sin garantizar un orden acertado, imposible de precisar por otra parte dado que algunas de las profesiones aparecían, desaparecían y volvían a aparecer en la lista— enumeramos a continuación: conductor de camión de basuras, cartero, apicultor, astronauta, ladrón, maestro, policía, cazador, pastelero, cerrajero, mecánico especialista.

En esta lista hay una cosa segura: el deseo de convertirse en mecánico especialista había arraigado en Bernhard durante los dos últimos cursos, despertado por un profesor de Formación Profesional, se había afianzado durante las prácticas en una fábrica y finalmente había acabado por convertise en algo más que un simple deseo. Cuando le preguntaban, Bernhard no respondía: «Me gustaría ser mecánico especialista», sino: «¡Seré mecánico especialista!»

Esta diferencia aparentemente insignificante revelaba ya su aplastante seguridad, que no se quebró hasta seis meses antes de finalizar el curso, cuando Bernhard —impulsado por su padre a poner su proyecto en práctica cuanto antes— procuró informarse de dónde tenía que presentar la solicitud para aprender el oficio de mecánico especialista. Bernhard tuvo que constatar, anonadado, que en ninguna parte. «De todos modos», se dijo, «es posible que no me haya informado en los lugares adecuados. Quizás haya plazas vacantes para aprendices que se cubren bajo cuerda porque los señores de las Oficinas de Empleo se ocupan primero de confeccionar las listas de las vacantes y luego de distribuirlas, tal como hicieron con la gasolina muchas gasolineras durante la crisis del petróleo...»

Sí, había que contar con esa posibilidad, de modo que cuando un buen día les comunicaron que un señor del Departamento de Orientación Profesional de la Oficina de Empleo les haría en breve una visita, Bernhard Willnow sintió renacer sus esperanzas.

2

¡Desde luego podían haberse ahorrado la visita esos charlatanes! Pero no, tuvieron que venir a clase. Eran dos. Uno de ellos se ha limitado a permanecer sentado escuchando mientras miraba embelesado a nuestras chicas. Quizás fuera todavía un estudiante. El otro ha sido el que nos ha hablado sobre la elección de profesión, uno de los pasos más importantes de la vida, según él. Si no lo he entendido mal, de esa elección profesional depende el grado de satisfacción personal durante el resto de la vida, el poder mantener a una familia y el tener la sensación de servir para algo y de ser alguien. Esto nos ha dicho más o menos. «En la vida es decisivo trabajar con las manos, o con la cabeza, no interpretéis mis palabras al pie de la letra. Hablo en sentido figurado...»

—¡O con los pies! —le ha interrumpido a gritos Klaus—. ¡Yo seré futbolista!

Nosotros nos hemos reído, claro, porque no hay nada más cómico que imaginarse a Klaus de futbolista. Sin embargo, al hombre de la Oficina de Empleo no le ha hecho ninguna gracia porque en la nota en la que llevaba escrito todo lo que tenía que decirnos no había nada referente al fútbol, y ¿a quién le gusta que le hagan perder el hilo?

Desde luego podían haberse ahorrado la visita esos charlatanes si lo único que pretendían era hacernos la boca agua, insistiendo una y otra vez en lo maravilloso que resulta elegir la profesión adecuada...

Sin embargo, cuando ha llegado el momento de la verdad y han surgido las primeras preguntas: «¿Qué hay de las vacantes en los cursillos de mecánico de camiones, electricista, albañil, cocinero, auxiliar de clínica, peluquera...?» ¡Qué sé yo! Se podía preguntar lo que se quisiera. Entonces el hombre de la Oficina de Empleo se ha limitado a repetir siempre las mismas palabras:

—Ya sabes... mm... Ya sabe usted que por el momento las cosas no son precisamente de color de rosa. Apenas nos llegan demandas de aprendices. Sucede justo lo contrario que en años anteriores. Entonces todo era completamente distinto: las fábricas y empresas nos abrumaban y no éramos capaces de encontrar los aprendices que nos solicitaban. Para instruirse en el oficio, quiero decir. De manera, muchacho, que siento tener que decirte... eh... decirle que su elección no es acertada. Se equivoca usted de medio a medio. Le aconsejo que reflexione si no prefiere usted dedicarse a otra...

Yo no he preguntado nada. No porque pensase: «Éste no puede ayudarme.» No. Al contrario. Yo en realidad pensaba: «Seguro que los mecánicos especialistas sí son necesarios. Hay un par de empresas en la ciudad que sin ellos tendrían que cerrar la tienda. Mi padre también lo dice. Así pues a esas empresas no les queda otro remedio que enseñar hoy a aprendices si quieren disponer de especialistas mañana. Eso está claro...» Yo estaba completamente seguro de que el hombre de la Oficina de Empleo sabía de sobra dónde necesitaban mecánicos especialistas. Si yo se lo preguntaba en ese momento, él me contestaría y entonces lo sabrían no sólo aquellos que querían ser mecánicos sino también todos los demás, que quizás pensarían: «Bueno, si no puedo ser cocinero... o camarero..., me haré mecánico especialista. Total, ¿qué más da con qué se gana uno los garbanzos?»

Nooo... Yo no era tan tonto, así que me mantuve en silencio. Al fin y al cabo, uno no está obligado a cerrarse puertas para abrírselas a otros. Al terminar la charla, mientras los demás han salido corriendo y el hombre de la Oficina de Empleo se quedaba unos momentos con nuestro profesor, yo me he acercado a él y le he preguntado:

—Oiga, yo quiero ser mecánico especialista. ¿Tiene usted algo al respecto?

Él me miró un instante, movió la cabeza de un lado a otro y empezó a decir:

—Bueno, chico, lamento tener que decirte que en ese aspecto las cosas no son, por el momento, de color de...

Justo entonces yo me he encogido de hombros y he salido corriendo al patio porque sabía de sobra lo que me iba a decir.

¡Desde luego podían haberse ahorrado la visita esos charlatanes! ¡Para lo que ha servido…!

3

—¡Vamos, Berni, vamos! ¡No te rindas tan pronto! Primero hemos de hablar del asunto con papá. ¡Vamos, vamos, no me hagas reír! ¡Tú no eres un tontito! Además eres muy habilidoso con las manos; bien que arreglas siempre todo lo que se me estropea en la cocina. ¡Estoy deseando ver a alguien que te iguale! No, Berni, la cosa no es tan grave; seguro que encontrarás algo, ¡faltaría más!

Sus palabras sonaban como si ella misma las tomara en serio, o se las creyera de verdad, a pesar de que seguramente hablaba así porque Bernhard, por la postura que adoptaba en la mesa y el tono con que relataba la visita del orientador profesional, no parecía precisamente feliz. Daba la impresión de que estaba a punto de echarse a llorar. No era la primera vez que su madre lo veía en semejante situación.

—¡Papá no puede hacer nada!

—¡Eso ya lo veremos! De todos modos, si al final resulta que con lo de mecánico no hay nada que hacer, habrá que pensar si aquí en el pueblo con nosotros… Yo, por mi parte, preferiría esto último porque aquí te conoce todo el mundo y yo no te perdería de vista todavía, pero así, en la ciudad, solo, bueno…, no sé qué sería de ti…

Bernhard hincó, furioso, un cuchillo de cocina en una patata.

—¿En el pueblo con vosotros? ¿A qué podría

aspirar entonces? ¿A conducir el tractor del viejo Meier? ¿A cebar los cerdos de la granja de Rubesam? No, gracias, para eso prefiero no hacer nada y dedicarme a gandulear.

—Pero, Berni, no puedes pasarte la vida haciendo el vago, no toda la vida.

—No, pero sí hasta cumplir los dieciséis. Entonces entraré en la policía.

—¡Sí...! ¡Ahí va a estar la policía, esperando a vagos como tú...!

—Es a esa edad cuando se ingresa.

—Sí, pero habla primero con papá. Ya se os ocurrirá algo.

Para la madre no había problema que el padre no fuera capaz de solucionar, convicción que hasta ese momento —justo es reconocerlo— se había confirmado siempre. Además estaba fuera de duda que el padre se encargaría de buscarle a su hijo una plaza de aprendiz, pues ya había relatado un montón de veces lo que le había pasado a él.

—Cuando me llegó la hora —solía contar a veces— no existían plazas de aprendiz; claro que, de haber existido, tampoco las hubiera querido nadie. Entonces la gente se apresuraba a buscar cualquier cosa con la que ganar un saco de patatas o unas hogazas de pan. ¿Y hoy? No es que yo me queje, no. Las cosas no me van precisamente mal. Conozco a un montón de tipos de mi edad que han estudiado ni sé el tiempo y no ganan ni de lejos lo que yo. Y tampoco es que me mate a trabajar, de manera que no puedo quejarme. A veces, sin embargo, pienso que hubiera podido llegar mucho más lejos en vez de limitarme a hacer de chica para todo...

El padre de Bernhard era chófer, pero su trabajo consistía en mucho más que eso. A veces conducía un coche en la empresa, pero la mayor parte del tiempo se ocupaba de arreglar cosas o cumplir encargos: llevar a revisión el coche particular del gerente o al tinte el pantalón del jefe manchado de salsa del asado el día anterior, construir la nueva casa para el perro guardián, traer un ramo de flores para la secretaria el día de su cumpleaños, en fin, de todo... No pintaba demasiado, todo hay que decirlo; no era uno de los jefes, pero posiblemente ni siquiera el director sabía tanto como él sobre la marcha del negocio. El padre, en efecto, lo mismo arreglaba un roto que un descosido.

—¡Hombre, chico! ¡Yo no puedo sacarme de la manga una plaza de aprendiz de mecánico especialista! ¿Cómo se te ha ocurrido semejante idea?

—¿Por qué no damos una vuelta por ahí y preguntamos si...?

—¿Dar una vuelta? ¿Preguntar? ¿Qué crees que vamos a sacar con eso?

—¡Pues en algo he de meterme!

—¿Has metido ya las narices en tu empresa, Karlheinz? —interviene la madre—. Vamos, creo yo que con la buena opinión que tiene de ti el gerente... Además él sabe de sobra que el chico viene de una casa respetable y no va a cometer ningún disparate, porque tú siempre vas a estar cerca...

—Bien, si es por preguntar que no quede...

—Pero ¿vosotros tenéis mecánicos especialistas?

—A decir verdad, no. Ahora bien, si a uno le dan a elegir entre un trozo de pan seco o pasar hambre, ¿qué es lo que elige?

—¡El pan, claro!

—¿Lo ves?

—¿Qué es lo que hay entonces en vuestra empresa?

—En realidad..., pues durante el tiempo que llevo aún no he visto un solo aprendiz. Únicamente arriba, en la oficina, pero ésos tienen que tener el bachillerato. ¿Alguna cosa más? Quizás en el almacén. Pero ésas no son auténticas plazas de aprendiz... En fin, no sé, a lo mejor el viejo Krause... Claro que como no es maestro, con nosotros no podrás convertirte en un electricista titulado...

—Pero si lo que yo quiero ser es mecánico...

En ese momento el padre se sienta a la mesa y le hace a Bernhard una seña con el pulgar, invitándole a tomar asiento frente a él. Luego se levanta de nuevo, entra en la cocina, saca una botella de cerveza del frigorífico y regresa, pero apenas ha pisado el cuarto de estar, vuelve a dar media vuelta para recoger un vaso del armario de la cocina y lo mantiene derecho al servir para que haya mucha espuma y contenga poca cerveza. Cuando se ha llenado, se lo tiende a su hijo diciendo:

—Bien, ahora vamos a hablar de hombre a hombre, ¿comprendes?

Bernhard asiente en silencio mientras piensa: «¡Vaya si lo entiendo! ¡Menuda mierda! De hombre a hombre... Eso siempre significa algo malo...»

—Mira, muchacho, uno puede desear algo, ¿no es cierto? Todo el mundo desea algo. Todos sin excepción, incluso el que lo tiene todo desea siempre algo más y suele conseguirlo además. La gente como nosotros, sin embargo, ha de resignarse y hacerse a la idea de que no va a satisfacer todos sus deseos. En ocasiones incluso es posible que reciba otra cosa en lugar de lo que desea.

—¿Aunque no lo quieras? ¿En contra de tu voluntad?

—¡Bah...! A veces sencillamente no sabemos lo que queremos... Mira, te voy a poner un ejemplo: Tú vuelves del colegio a casa pensando: «¡Vaya! ¡Cómo me gustaría comer hoy unas buenas judías verdes con tocino!» Quizás ese día mamá haya anunciado que va a preparar judías verdes, con su buen tocino, un montón de taquitos sofritos bien crujientes. Tú, además, sientes verdadera pasión por ese plato, ¿no? Pero llegas a casa y ¿qué pone mamá encima de la mesa? ¡Nooo! Cualquier cosa menos judías verdes. No las ha encontrado o ha dado en el mercado con una oferta especial, ya sabes, una auténtica ganga, tirado. Así que en lugar de judías verdes te dan, por ejemplo, col con salchichas. ¿Qué haces entonces?

—Pues comérmelas.

—¡Bien! ¿Lo ves? ¿Y...? ¿Están buenas?

—Claro, la col con salchichas también está muy rica, ¿no?

—¿Te das cuenta? No has conseguido lo que deseabas, pero lo que has conseguido también es algo bueno. De manera que tampoco resultó tan mal que las cosas no ocurrieran como tú te habías imaginado, ¿o sí?

—Pero un plato de judías con tocino es completamente diferente de una profesión, ¿o no? Vamos, creo yo, no me voy a pasar la vida entera comiendo col con salchichas. Tarde o temprano, mañana, la semana próxima o el mes que viene, mamá cocinará judías verdes con tocino...

—Sí, es cierto, hijo. Pero te he puesto ese ejemplo para que comprendas la diferencia entre el deseo y la realidad. Hay que tragar lo que a uno le ha tocado. A veces es después cuando nos damos cuenta de que sabe bien. Puede incluso que mejor que lo que deseábamos comer, ¿no crees?

Bernhard asintió con un gesto mientras tragaba saliva, pero ese bocado nada tenía que ver con judías verdes o con salchichas, y tampoco sabía bien. Amargaba.

Al cabo de unos momentos dijo:

—Bueno, para empezar... aún me queda mirar lo de la Academia de Policía, cuando cumpla los dieciséis, claro. A lo mejor me hago madero. Es una profesión como otra cualquiera, ¿no?

—¡Ay, qué desgracia la mía! Me multarías si algún día me vieras doblar a todo meter la esquina...

Padre e hijo se miraron sonrientes.

4

Desde ese día no hemos parado de buscar. Bueno, no exactamente desde aquel día. Papá quería informarse primero en su empresa, pero había que proceder con diplomacia.

—Hay que esperar el momento propicio, ¿sabes? —me explicó—. No se consigue nada irrumpiendo en una casa como un vendaval, llevándose la puerta por delante. Confía en mí, sé lo que me hago. Conozco muy bien a nuestro gerente. Para mí es como un libro abierto. Lo conozco mejor que a ti, Berni, créeme. Si un día me acerco a él sin más ni más y le espeto: «Señor Seeger, deberíamos darles otra mano de pintura a las puertas del garaje, ¿no le parece?», él se limita a mirarme y responde: «Sí, sí, pero a su tiempo.» Sin embargo, cuando espero a verle con el estado de ánimo adecuado, como, por ejemplo, cuando hace buen tiempo y él acaba de despachar una suculenta comida y yo lo sorprendo en el momento justo en que enciende su puro diciéndole: «Quedarían magníficas las puertas del garaje de un rojo intenso con los tiradores plateados, ¿no le parece?», él me contesta: «¡Adelante, Willnow, píntelas! Usted entiende mucho más que yo de ese tema...» Y es que todo depende de encontrar el momento adecuado. Hay que esperarlo y aprovecharlo siempre que se quiere conseguir algo.

Desde luego mi padre pone unas comparaciones la mar de cómicas. Unas veces se trata de judías verdes y otras de puertas de garaje rojas. Tampoco acabo de entender qué papel juega en todo esto el humor del gerente, ni el tiempo, la comida o el cigarro cuando de lo que se trata es de si la empresa tiene para mí una plaza de aprendiz o no. Para mí está claro como el agua: o la tienen o no la tienen, llueva o no llueva fuera. Sin embargo, papá, que lleva tanto tiempo en ella, conoce el asunto mucho mejor que yo.

Aunque puede que no.

El caso es que dos semanas más tarde, al regresar por la noche a casa, se le notaba a la legua que venía enfadado como un toro.

—¡Que me vengan...! ¡Que me vengan otra vez con sus «¡Ah, Willnow! ¿Le importaría traerme de la pastelería de la esquina...?» «¿Podría ir usted a cobrar este cheque?» «Querido Willnow, mi mujer no va a venir a la ciudad hoy y tengo un par de trajes en el tinte...» «Willnow, ¿querría usted llevar mi coche al taller...?» Nooo, conmigo que no cuenten. Soy chófer. Es lo que pone en mis papeles. Me han contratado para eso. Y un conductor, y esto se lo voy a decir claramente, conduce. Un conductor no cobra cheques, ni compra pasteles, ni pinta las puertas del garaje, ni saca a pasear al perro. ¡Conmigo que no cuenten! ¡Se acabó! ¡Nunca más!

—¿Qué te ocurre, Karlheinz? —pregunta mamá.

—Éste tiene la culpa —responde papá señalándome con el pulgar.

—¿Qué ha pasado? —pregunto yo entonces.

—Esta mañana pensaba: «Ha llegado el momento» —responde papá—. El Seeger se había pasado la mañana con la puerta de su oficina abierta, y no paró de canturrear y silbar mientras revisaba el correo. Eso significaba que estaba de muy buen humor. «Ha llegado el momento», pensé, y le entré sin más; le dije lo de Bernhard, lo de la plaza para el chico y todo lo otro. ¿Y sabéis qué me contestó? «Pero Willnow, usted sabe de sobra que nosotros no tenemos plazas de aprendizaje para alumnos de la escuela secundaria.» Yo no daba crédito a mis oídos. «No es necesario que sea una auténtica plaza de aprendiz, señor Seeger», insistí. «Bastará con un puesto de trabajo de obrero no cualificado, quizá en el almacén o algo parecido...» Y entonces el tipo se me queda mirando con una sonrisa sarcástica y sin cortarse un pelo me contesta: «¿Qué, señor Willnow, otro obrero no cualificado en la familia? No me hablará usted en serio... ¡Pero si la mayor parte del tiempo no sabemos siquiera cómo mantenerle ocupado a usted!» ¡Imagináoslo!

Mi padre se mordía el labio inferior con un gesto de furia.

—¿Por qué no le diste en el acto con la puerta en las narices, ya que al parecer no saben cómo tenerte ocupado? —le pregunté yo.

Mi padre me mira con aire meditabundo, como si se me hubiera ocurrido una idea estupenda, pero instantes después comienza a menear la cabeza.

—No daría resultado, chico. Darle con la puerta en las narices es una solución, desde luego. Pero yo me pregunto: ¿dónde hallaría otra puerta abierta? De nada sirve que en vez de uno seamos dos los que nos veamos obligados a buscar trabajo. Además, a él, al Seeger quiero decir, no le falta razón. A cualquier lugar que vaya buscando trabajo me preguntarán qué he estudiado. Y yo responderé: «¡Todo! ¡Sé hacerlo todo! Por ejemplo, tengo el carnet de conducir...» Entonces ellos me contestarán: «El carnet lo tiene todo el mundo. ¿Qué más?» Y entonces yo me quedaré plantado farfullando: «Sé pintar de rojo las puertas del garaje, y llevar prendas al tinte y cobrar cheques y comprar ramos de flores de cumpleaños... Y sé qué tarta le gusta al contable y qué tipo de café a la secretaria y...». Ellos, sin embargo, se limitarán a menear la cabeza diciendo: «En nuestra empresa los garajes son verdes, nuestra contable sigue una dieta de adelgazamiento y no come tarta y la secretaria sólo bebe té. Aquí todo es distinto, de manera que no le necesitamos...» Lo que yo valgo, muchacho, lo valgo única y exclusivamente porque me conozco el tinglado al dedillo. Ponerme hoy en día a buscar otro trabajo significaría quedarme tirado en la calle, y eso a nadie le beneficiaría.

Sus palabras no sonaban precisamente alegres.

—Por eso necesitas una auténtica plaza de aprendiz, muchacho. Lo de coger cualquier trabajo en mi curro no ha sido una brillante idea. Allí no eres nadie, ni lo serás, y acabará sucediéndote lo mismo que a mí: que te verás con las manos atadas y sin ninguna posibilidad de marcharte. Sin embargo, si has estudiado, si tienes conocimientos, serás tu propio patrón, o poco menos. No, no, no, Berni, vamos a buscarte una plaza de aprendiz, aunque sea de deshollinador o de criador de cerdos o de lo que sea.

Y comenzamos la búsqueda. Papá se tomó incluso unos días libres y me contó con la sonrisa en los labios que el Seeger, el gerente, le había preguntado para qué quería esas cortas vacaciones. «Para buscar trabajo», le había respondido él. El Seeger había replicado: «Oiga, Willnow, ¿no pretenderá usted abandonarnos, eh? ¿No ve que le necesitamos? ¿Qué sería de nosotros sin usted?» Vale.

En fin, que como ya he dicho comenzamos la búsqueda.

En Meinke & Hijos llegamos hasta el conserje.

—¿Una plaza de aprendiz? —preguntó.

En cuanto papá asintió, se acabó lo que se daba.

—No hay ni una —contestó el conserje cerrando de golpe su ventanilla de cristal.

En Fehling & Co. conseguimos entrar hasta la oficina de personal. Allí no había ventanilla de cristal, pero para el caso como si la hubiera. En Reissenweber & Wolf una mujer nos dijo mientras me miraba fijamente:

—Si fueras una chica, ahora mismo entrabas. Aún nos queda alguna plaza vacante. Pero no eres una chica, ¿verdad? ¿O sí? ¡Cabeza loca!

Cuando nos dimos cuenta de que con lo de mecánico especialista no había nada que hacer, probamos con mecánico de coches. En la Opel necesitaban contratar a tres, pero ya los tenían. En la Volkswagen contaban ya con seis y no deseaban ni uno más. En la Mercedes eran demasiado altaneros. En la Ford estaba todo completo. En la Volvo no querían aprendices. En Audi acababan de poner de patitas en la calle a dos y estaban hasta las narices. En la Fiat me miraron como si quisiera entrar en un ballet, luego respondieron que yo no era la persona adecuada, cualquiera sabe por qué, quizás fuera que sólo querían italianos...

A continuación lo intentamos con todas las empresas por las que pasábamos: una ferretería, una panadería, un hotel, una tienda de electricidad, una fontanería, una tienda de pinturas, una empresa de construcción... Parecía cosa de brujería. Nada. Nada de nada.

Poco a poco me fui sintiendo incapaz de soportar las expresiones de rechazo, tanto las severas como las sonrientes y compasivas. No podía aguantarlas, en serio.

Tan sólo una persona me gustó: el jefe de personal de unos grandes almacenes, hombre ya bastante viejo, seguramente casi a punto de jubilarse. Después de escuchar nuestra historia, respondió con un leve movimiento de cabeza:

—Sí, sí, conozco de sobra el asunto. Si les dijera a ustedes a cuántos hemos rechazado ya este año, no me creerían. Me han prohibido contratar gente. Orden tajante. Racionalización. Ni un solo aprendiz durante este año. Yo sé que el año próximo, lo más tarde el siguiente, los jefes de sección acudirán en tropel a este despacho y casi me derribarán la mesa mientras me piden gente. Pero ¿hoy…?

Se levantó, si dirigió a un armario con cierre corredizo y sacó de él un expediente. Lo hojeó unos instantes hasta encontrar lo que buscaba y luego giró el clasificador mientras señalaba dos anuncios.

—¡Vean! ¡Vean! ¡Éstos sí que eran otros tiempos! Entonces todavía nos veíamos negros para encontrar aprendices.

Los anuncios resultaban increíbles. Desde luego, en vez de solicitar un aprendiz, parecía que buscaban un futuro director. La promoción quedaba garantizada. He aquí lo más increíble de todo: «Si el trayecto hasta el centro de trabajo es largo, la firma pone a su disposición gratuitamente un ciclomotor.»

—¿Es una broma? —pregunto.

—¿Una broma? ¡Al contrario! ¡Era la pura verdad! Nos matábamos por conseguir aprendices. Los colegiales, en vez de acudir a nosotros, solicitaban un puesto de trabajo, de manera que éramos nosotros quienes corríamos a las escuelas para persuadir a los escolares. Aún recuerdo como si fuera ayer el día en que un chico de catorce años me preguntó: «Bien, de acuerdo, lo pensaré. ¿Qué privilegios especiales está dispuesto a ofrecerme? ¿Podré marcharme los viernes antes de la hora para proseguir mi entrenamiento?»

El jefe de personal, mirándome de hito en hito, concluyó:

—Lo siento de veras, muchacho, creo que has nacido con un par de años de retraso.

Por el tono de su voz parecía que me estaba haciendo un reproche, pero ¿qué culpa tenía yo?

Dos semanas después papá y yo conocíamos casi todo lo que nos ofrecía la ciudad y el campo.

Pero había algo que no habíamos logrado encontrar: una plaza de aprendiz.

5

La primavera, cálida y soleada, era un anticipo del verano. Chicos y chicas habían sudado a conciencia la fiesta de despedida celebrada en el gimnasio, y una vez terminada respiraron aliviados porque habían finalizado la escuela. Bernhard no era el único de su clase que sabía lo que dejaba atrás y desconocía por completo lo que le deparaba el futuro.

Al principio las cosas no eran muy diferentes de la vida habitual durante las vacaciones. Por las mañanas Bernhard remoloneaba un rato más en la cama; durante el desayuno pensaba cómo matar el día. Luego callejeaba por el pueblo, sin hallar durante el día a casi nadie con quien cruzar unas palabras. Por la noche acudía a la cervecería y se sentaba en la mesa del rincón, sobre el cual colgaba, como si fuera un sarcasmo, la orden que prohibía la estancia a los menores, enmarcada con esmero en madera dorada para que al menos sirviera de adorno, ya que no cumplía otra finalidad.

A veces Bernhard cogía el autobús de la ciudad. Si tenía dinero suficiente, iba al cine a ver algún *western* lleno de *colts* humeantes, atronadores galopes de caballo y puñetazos restallantes; o bien algo de sexo, prohibido para los menores de dieciocho años, cierto, pero todo el mundo sabía de sobra que las taquilleras de los cines hacían la vista gorda cuando la concurrencia era escasa.

De repente llegó una oleada de calor tan atroz que el ayuntamiento decidió abrir las piscinas antes de lo previsto, con lo cual ya había una actividad con la que llenar los largos días.

Viajar por las buenas a la ciudad en el autobús escolar ya no estaba permitido, aunque el conductor se lo permitía porque en el coche quedaban sitios libres, y a fin de cuentas había transportado a Bernhard dos veces al día durante años enteros hasta que había acabado por convertirse en un viejo amigo. Además, el muchacho no era uno de esos salvajes que le destrozaban a uno el autobús, así que en este asunto no había problemas.

Al principio a Bernhard le resultaba incluso encantador tumbarse boca abajo en el césped, medio adormilado, y esperar la salida del colegio de los nuevos alumnos de bachillerato para sorprender sus miradas un tanto envidiosas porque él ya había terminado el colegio y podía pasarse el día entero en la piscina tumbado al sol como un lagarto.

—¿A qué te dedicas? —le preguntó un día un chico.

Bernhard, dirigiéndole una sonrisa sardónica, le contestó:

—Jubilación anticipada. Vacaciones perpetuas.

Quizás le envidiasen de verdad, aunque la cosa no estaba nada clara. Es posible que pensasen también que en cuanto uno abandonaba la escuela, debía trabajar, ya que el que no lo hacía no se convertiría jamás en un verdadero adulto.

Bernhard no permanecía solo mucho tiempo. Primero se sumaba Klaus, un chico de su misma clase que tampoco había encontrado plaza de aprendiz, y luego Uwe y su amigo Pit.

Se reunían todas las mañanas, se instalaban en el césped en el sitio de costumbre, entre el trampolín y la piscina infantil, chapoteaban en el agua, se perseguían, gritaban, alborotaban, saltaban de los dos trampolines, del más alto y del bajo, y se tumbaban en sus toallas, alineados el uno junto al otro como pollos en la barra del asador, para tomar el sol. Un día Pit trajo una baraja de cartas y propuso jugar al *skat*. A Klaus no le apetecía, de modo que entre Pit y Uwe enseñaron a Bernhard, que aprendió deprisa, y organizaron una estupenda partida. Klaus miraba, sin entender una palabra del juego, pero se conformaba con que le dejaran ejercer de contable y anotar lo que ellos le decían.

Jugaban a diez centavos la partida, pero las deudas de juego no se pagaban. Al finalizar el primer mes, Bernhard había perdido 17,68 marcos. Nadie se los reclamaba y luego volvió a recuperarse un poquito.

Un día vieron a dos chicas tumbadas muy cerca de ellos.

—A una la conozco —aclaró Uwe—. Vive justo al lado de nuestra casa. Acaba de terminar la escuela y está también sin trabajo.

—Hombre, tráetela para acá —dijo Pit—. Es mucho mejor estar acompañados por una chica que solos.

Uwe caminó despacio hacia las chicas, charló unos momentos con ellas y segundos después las dos recogieron sus toallas y se reunieron con los chicos.

A partir de ese día las partidas de *skat* disminuyeron; en cambio aumentaron las fanfarronadas y las burradas. Klaus sabía hacer el pino e incluso correr apoyándose en las manos; las chicas las primeras veces lo encontraron divertido, pero en cuanto se acostumbraron dejaron de prestarle atención, así que Klaus optó por dejarlo.

A Bernhard, Monika le parecía la más simpática. Todas las mañanas procuraba disponer las cosas de forma que su toalla quedara contigua a la de ella. La mayor parte de las veces lo conseguía y los demás ni siquiera notaban que era intencionado. Al cabo de los días se dieron cuenta, pero ya no dijeron nada porque se había convertido en una especie de derecho consuetudinario. El caso es que Bernhard y Monika se tumbaban juntos, y a veces, claro que muy raras veces, eran capaces hasta de mantener una conversación en toda regla, aunque los demás estuvieran haciendo travesuras y escandalizando.

—Aún no he encontrado nada —confesó un día Monika—. Yo pensaba seguir estudiando, ir a la Escuela de Comercio, pero no me admitieron porque mis notas no son precisamente buenas, ya sabes. Mi madre, sin embargo, cree que puedo esperar tranquilamente un año. Ella piensa que quizás el año próximo cambien las cosas, y a lo mejor vuelven a admitir a chicas en la fábrica de conservas...

—¿Qué querías aprender allí?

—¿Aprender? Nada. Lo que quería es trabajar. Meter verduras en las latas o algo parecido. La verdad es que no sé muy bien qué es lo que hacen. Este año, sin embargo, ya no admiten a nadie. A lo mejor el año que viene, según me dijeron.

—Yo creía que no admitían a nadie menor de dieciséis años.

—Es que yo ya los tengo. Tuve que repetir 5.º, ¿sabes?, porque estuve enferma una larga temporada, y además entré en el colegio con un poquito de retraso...

—¿Así que ya has cumplido los dieciséis?

—Bueno, en realidad, todavía no. Los cumplo la semana que viene. Hubiera esperado hasta entonces. Yo no pretendía pasar directamente de la escuela a la fábrica de conservas... No estoy tan loca...

A Bernhard fue al primero que se le ocurrió. Los demás pronto le imitaron y su ocurrencia acabó convirtiéndose en algo parecido a una moda. Ni siquiera él mismo sabía cómo le vino la idea ni qué finalidad tenía, como no fuera la de evitar decir: «Monika, escucha, te quiero», o algo semejante.

El caso es que una mañana recortó con sumo cuidado de una hoja de periódico las letras que formaban el nombre MONIKA, se las colocó sobre el pecho, y permaneció inmóvil dos horas tomando el sol. A la mañana siguiente volvió a colocar las letras justo en los mismos lugares y se tumbó de nuevo al sol. Poco tiempo después, en su pecho se dibujaba con toda nitidez el nombre de Monika porque los rayos del sol no habían bronceado la piel oculta por el papel de periódico.

Los otros se rieron en un primer momento, pero enseguida reconocieron que la idea era genial, así que no tardó en leerse IRIS en el muslo de Uwe, mientras la tripa de Pit mostraba la inscripción ELKE.

La nueva moda llamó la atención y atrajo a otros chicos y chicas a la zona situada entre el trampolín y la piscina infantil, que se convirtió en un campamento de toallas de lo más concurrido.

—He aquí nuestra colonia de parados —opinaba Pit.

Por lo demás, en el pecho izquierdo de Monika, justo por encima del borde superior del bikini, se dibujaban los pálidos perfiles de una B.

6

—Sí, sí, Karlheinz, si uno lo piensa detenidamente, no le queda otro remedio que darte la razón. Es ciertamente una vergüenza y un pecado, lo reconozco. ¿Qué culpa tiene el chico? Vago no es, eso hay que admitirlo. Él quiere trabajar: ¿qué va a hacer si no le dejan? Ni siquiera tú has sido capaz de conseguirle una plaza, y no será por no haberlo intentado. Así son las cosas, ¿no? Déjale entonces que lo pase bien. Que disfrute de unas cortas vacaciones. Ya le saldrá algo algún día...

La madre no paraba de deslizar las cacerolas de un lazo a otro de la placa, haciéndolas entrechocar con estrépito: era ésta una señal infalible de la excitación que la invadía y que a duras penas lograba contener.

El padre dejó su vaso y se limpió la boca con el dorso de la mano.

—¿Encontrar? Pero ¿qué dices? ¡No sé cómo lo va a encontrar...! No es que yo tenga mucha idea de la Biblia, pero un par de frases ya me conozco. Éstas: «¡Buscad y encontraréis!» *Buscad*... ¿Lo entiendes? ¿Busca él acaso? ¡Ni por asomo! Todos los días se marcha a la ciudad y se dedica a perder el tiempo y a tumbarse a la bartola en la piscina. Al menos, eso es lo que él nos cuenta. ¿Sabes tú qué es lo que hace en realidad?

—¡Karlheinz! —gritó la madre indignada—. No entiendo cómo eres capaz de decir semejante barbaridad. Berni no nos ha mentido jamás. Si él dice que va a la piscina, es que va a la piscina. ¿Qué hay de malo en ello? Es preferible eso a pasarse la vida metido en la cervecería. Al menos en la piscina toma el sol y le da el aire, y eso le sienta bien. ¡Quién sabe cuándo volverá a tener tanto tiempo libre en su vida...!

—¡Lo que me faltaba! —gruñó el padre—. ¡Ponte encima de su parte! ¡Como siempre...! «Mi Berni nunca ha hecho nada mal.» Pero si el chico se nos echa a perder...

—Sería el menos culpable. Si tan insoportable te resulta verle sin trabajar, consíguele una plaza de aprendiz.

—Podría echarnos una mano en casa, vamos, digo yo... Con el jardín y con las ventanas del patio, que tanto tiempo llevo deseando darles otra mano de pintura y nunca puedo. Pero no, él se va día tras día a la piscina. ¡Esto se va a acabar!

—¡Díselo a él, no a mí!

—Naturalmente que se lo diré, ¡te lo juro!

Sus últimas palabras sonaron mientras Bernhard entraba en la casa, con la frente despellejada por el sol y sudoroso por viajar en un autobús repleto y sobrecalentado.

—¿Dónde te has metido?

—En la piscina.

—¿No tenías nada mejor que hacer?

—Pues no, en realidad no.

La respuesta del muchacho era irrefutable y el padre permaneció un rato refunfuñando entre dientes. Durante la cena siguió rumiando la forma de reanudar la conversación con su hijo, pero al no hallar una respuesta a su propia pregunta se limitó a gruñir:

—¡Pues las cosas no pueden seguir así...! ¡De ninguna manera!

Quizás hubiera quedado así el asunto si Bernhard no hubiera pedido después de cenar:

—¿Me das un par de marcos? Estoy de nuevo sin blanca...

—¿Para qué diablos necesitas tanto dinero?

—Bueno, de vez en cuando también hay que tomar una copa y comer algo, ¿no? A los demás nunca les falta, pero a mí...

—¡No les falta porque lo ganan!

—Oye, de eso, nada. Ninguno de ellos gana un céntimo. Están en la misma situación que yo.

—¿De dónde sacan entonces el dinero?

—Bueno, a lo mejor les dan una asignación más alta para sus gastos...

La palabra «asignación», que nunca había gustado al padre, acabó por sacarle de quicio.

—El que no trabaja, no come —gruñó—. Llevamos tanto tiempo manteniéndote que un buen día uno se dice a sí mismo: «¡Vaya! Ya ha crecido el chiquillo. Por fin podrá contribuir a los gastos de la casa ganando unos cuantos marcos...» Pero ¿qué sucede? Que en vez de trabajar, se pasa el día tumbado al sol, dejando que se le queme la piel de la nariz mientras piensa: «Que se mate el viejo a trabajar y traiga el dinero, que ya me pegaré yo la buena vida...» ¡Pues no, chico, las cosas ya no pueden seguir así! Si crees que vas a seguir viviendo así hasta que seas abuelo, estás muy confundido; por lo menos en mi casa ¡no! No pienso desriñonarme y desesperarme viendo cómo tú lo dejas todo a la buena de Dios...

—¡Hablas como si yo fuera el culpable! ¿Crees acaso que no quiero trabajar? ¡Pero si estoy deseando...! Me he desgastado las suelas de los zapatos corriendo de acá para allá en busca de un puesto, lo sabes de sobra. Y ahora me tratas como si fuera un zángano...

—De acuerdo, de acuerdo... ¡Pero las cosas no pueden seguir así! Yo no me voy a partir el lomo trabajando hasta que esté viejo y achacoso mientras mi señor hijo se limita a pedir más y más dinero para sus gastos...

—En ese caso tendré que procurármelo de otra forma...

—¿Qué pretendes decir?

—Ni más ni menos que eso: de otra forma.

Bernhard se quitó la sudada camiseta.

El padre le observó unos instantes con los ojos entornados y luego señaló el pecho, de un moreno intenso, con las costillas marcándose por debajo de la tersura de la piel.

—¿Qué llevas ahí?

—¿Dónde?

—En el pecho.

—¡Ah! No es más que un nombre de chica.

—Me he dado cuenta yo solito de que no es una marca de coche. ¿Pero qué significa «Monika» en tu pecho?

—Nada. Nada en absoluto. No es más que eso: una simple broma.

Bernhard notó, contrariado, que estaba enrojeciendo. ¡Valiente idiotez! ¿Qué razón había para ruborizarse? Miró con desconfianza la expresión de su padre.

Éste respiró entre dientes y alzó levemente los hombros. Bernhard supo en ese momento que se avecinaba el estallido... Sin embargo, los hombros recobraron enseguida su posición normal y el padre soltó el aire por entre los labios apretados, mientras en su rostro se dibujaba una sonrisa sardónica.

—Te has convertido en un hermoso ternero, Berni...

—Pero si sólo se trata de una broma, nada más...

—¡Pues muy poco práctica! ¡Piensa un poquito, te sobran entendederas! De esa especie de tatuaje ya no podrás librarte en todo el verano... Sin embargo, quizás aparezca una Ulrike o una Friederike, o cualquier chica con otro nombre que te guste más que Monika, pero ya no vas a comerte una rosca... ¿O es que crees que Ulrike o Friederike, por ejemplo, van a ir correteando por ahí con un golfo que lleva escrita en su pecho la palabra «Monika»?

—Primero: me encuentro muy a gusto con Monika, de manera que no necesito a una Ulrike o Friederike, y segundo... —Bernard enmudeció un momento buscando la forma de continuar. Luego añadió, esbozando una sonrisa—: De todas maneras, en caso de apuro también se puede lograr que el sol borre unas rayas, ¿no crees?

—La verdad es que desde el pecho hasta la cintura del bañador aún te caben cinco o seis nombres, ¿no?

—De momento me basta con Monika... Pero a lo que íbamos: ¿qué hay de ese dinerito para mis gastos?

Bernhard no había valorado de forma correcta la situación.

—Con lo que te damos, te basta y te sobra para ti solo. En ningún momento me ha pasado por la imaginación mantener encima a la tal Monika.

Al salir el padre propinó a su hijo una palmada en el pecho con su mano abierta, y Bernhard observó súbitamente interesado cómo comenzaban a dibujarse debajo de las letras descoloridas cincos dedos enrojecidos.

7

A decir verdad ni yo mismo estaba satisfecho de la situación. Pasarse el día entero haraganeando es muy agradable un día o dos, quizá hasta un par de semanas. Hasta ese momento yo siempre había sabido qué día terminaban las vacaciones y cuándo debía volver a la escuela, acabándose ahí la vida de vagancia.

¿Y ahora? Para ser sinceros, parecía que la

vida de vagancia no iba a terminar nunca. Al principio resulta estupenda, luego se convierte en algo aburrido y al final acabas hasta la coronilla.

No era yo el único. A los demás les sucedía lo mismo.

Cierto que Klaus me advertía:

—¡Vamos, hombre, deja de decir tonterías! ¿No has leído nada sobre los play-boys? Tampoco ellos dan golpe; se limitan simplemente a haraganear sin cansarse nunca. ¡Por mí, que dure!

¡Play-boy! Me da la impresión de que no es precisamente una profesión decente. Uno no puede acercarse sin más ni más a Gunther Sachs o a cualquier otro como él y soltarle:

—¡Hola, maestro! Me gustaría aprender el oficio de play-boy con usted...

Pero además, ésos, cuando se tumban al sol, no están haciendo el vago. Están trabajando, haciendo circular un montón de dinero. Pero es imprescindible tenerlo, porque en caso contrario no eres un play-boy, sino un muerto de hambre, un pobre desgraciado, y un pobre desgraciado jamás se convertirá en play-boy, todo lo más en un vagabundo. Pero ¡cualquiera se lo explica a Klaus...! Yo creo que todavía se encuentra muy a gusto y que resistirá mientras brille el sol y su Biggi siga tumbada en la toalla a su lado. Ese no se aburre nunca. Es capaz de pasarse horas y horas amodorrado, y cuando le acomete algo parecido al afán de actividad es para soltarle de improviso una buena palmada en el trasero a su Biggi, que remolonea y relincha como una yegua.

A veces me invade la sensación de que en la piscina hay un montón de gente que mira con disgusto y desprecio nuestra colonia de parados. Como si fuéramos piezas de museo. ¡Maldita sea! ¿Qué culpa tenemos nosotros si nadie nos ofrece nada? Yo podría trabajar, y bien que lo haría, aunque preferiría convertirme en mecánico especialista o electricista, ya igual me da...

Esos que nos miran con aire de superioridad pensando que somos poco menos que un grupo de marginados por estar siempre aquí tumbados al sol, consiguen irritarme de veras.

Únicamente Bremer no consiguió irritarme al mirarme de esa manera el día que vino a la piscina. Ese día me sentí terriblemente desgraciado.

Bremer era el profesor encargado de mi clase. Es un hombre bastante viejo, seguro que ronda ya la cincuentena, a pesar de lo cual yo siempre me entendía con él a la perfección. Él sabía de sobra que no podía esperar milagros de mí. Yo no soy ni un tonto ni una lumbrera, sino un mediocre, uno del montón. No obstante, cuando había hecho algo bien, se notaba perfectamente cómo Bremer sentía verdadera alegría, aunque no se apresurase a soltar un discurso de alabanza. No era uno de esos profesores que se limitan a despachar sus clases, no; él se preocupaba de verdad. Y nos conocía. ¡Vaya si nos conocía!

Total, que un buen día apareció de repente en la piscina. Yo al principio casi no le reconocí al verlo en bañador. La barriga se le curvaba con generosidad sobre la cintura. Fue Bremer quien saludó primero:

—¿Qué tal estás, Bernhard?

—¡Jodido! —repliqué.

Hace apenas unos meses no me hubiera atrevido a pronunciar esa palabra en su presencia y en un tono tan grosero. En cuanto salió de mis labios me sentí completamente abochornado y pensé: «Ahora te va a echar un rapapolvos». Y de pronto noté que mi cuello se estrechaba hasta el punto de que tragar saliva me resultaba doloroso. «¡Lárgate, tío!», pensé. «Vete de una vez o empezaré a llorar aquí a la vista de todos.»

Bremer, sin embargo, se limitó a mirarme sin pestañear cuando oyó «jodido». Luego la sonrisa se borró de su rostro e inclinó la cabeza en señal de comprensión.

—¿Te apetece un café? —preguntó—. Vamos, te invito.

A mí, la verdad, no me apetecía, pero ¿cómo iba a negarme? Así que me levanté.

—Enseguida vuelvo —dije a Moni.

A continuación acompañé a Bremer hasta el pequeño bar situado justo enfrente de nosotros, al lado de las duchas.

Al principio los dos nos mostramos inseguros y apenas hablamos, pero al cabo de un rato todo fue mucho mejor. Yo constaté con enorme asombro que era capaz de explicarle a Bremer algo que ni siquiera había conseguido explicarme a mí mismo: cuando uno es rechazado por todos, cuando millones de personas tienen trabajo y ganan dinero y uno mismo no encuentra nada de nada, se siente uno como si fuera un envase desechable. Con el tiempo se acaba incluso teniendo la sensación de que nadie te necesita, de que no sirves para nada, de que no vales nada...

—¡Tonterías, Berni!

Era la primera vez que me llamaba así. Hasta entonces me había llamado casi siempre Willnow, a veces Bernhard.

—¡Tonterías, Berni! La gente no puede saber que tú eres útil y valioso, que serías incluso un estupendo colaborador, una persona en la que confiar a pies juntillas. Así sucedía en la escuela, lo sé por experiencia. ¡Nadie tiene nada contra ti!

—¡Pues nadie me admite!

—Ni a ti ni a nadie. Además, tampoco te conocen tan bien como yo.

Sí, le creo: nadie tiene nada personal contra

mí. No hay ningún motivo. Yo nunca le he hecho nada a nadie, pero ¿de qué me sirve?

—He de pensar algo —dijo Bremer.

No se le había ocurrido ninguna idea concreta; sin embargo, se notaba su preocupación y su interés. No, Bremer no estaba haciendo teatro. Por eso le considero tan estupendo, aunque sea un vejestorio; seguro que pasa ya de los cincuenta...

Al día siguiente el profesor volvió a la piscina con su cámara y nos sacó unas fotografías a sus antiguos alumnos y también a Monika. No nos explicó para qué las quería.

—Sólo de la cabeza —le dije yo—. No deseo que salga el nombre de Monika dibujado en mi pecho.

Él me lo prometió y yo respiré aliviado. Monika, por su parte, se enfadó.

8

Unos días después apareció la noticia en el periódico, muy arriba, en la sección local, con grandes titulares. Entre el texto estaban intercaladas nuestras fotos. Yo ofrecía un aspecto bastante estúpido, en mi opinión, aunque mi madre decía que uno jamás salía muy favorecido en las fotos de los periódicos. La verdad es que no acierto a comprender cómo lo sabe, ya que ella jamás ha salido retratada en la prensa.

Bremer era el autor de todo: de la publicación, del artículo y de las fotos. En gruesos caracteres el título decía: ¡AÚN ESTAMOS DISPONIBLES! Y más abajo seguía:

«Estamos tumbados al sol haciendo el vago porque nadie nos ha querido, y eso que estamos deseando trabajar. Nos encantaría aprender un oficio. Seríamos, sin duda, unos magníficos aprendices porque ofrecemos aplicación, perseverancia y buena voluntad. Piensen ustedes: ¿no habrá en su empresa una plaza de aprendiz para nosotros? Somos Bernhard, Monika, Peter, Klaus, Jürgen... Seguro que no se arrepentirán. ¡Piénsenlo y luego decidan con rapidez! ¡Aún estamos disponibles!»

A continuación se veían nuestras fotos, cada una con unas líneas debajo. En la mía se leía:

«Me llamo Bernhard y lo que más me gustaría en el mundo es hacerme mecánico especialista. Electricista tampoco estaría nada mal, o cualquier otra profesión que precise dedos hábiles y ciertos conocimientos técnicos. Mi profesor afirma que soy muy sensato, amable y que estoy deseando aprender. Él debe saberlo, sin duda, ya que me ha dado clase hasta octavo.»

¡Qué sensación tan extraña ver tu propia imagen en el periódico y leer las alabanzas que uno, como haría un representante de aspiradoras con sus aparatos, se dirige a sí mismo.

Lo de menos era que el periódico tuviese pocos lectores: ¡sólo los habitantes de nuestro pueblo! La mayoría mostraron una sonrisa sardónica en cuanto me vieron.

—¡Caramba, Berni! ¡Ahora ya eres famoso!

—¿Qué? ¿Tienes ya a los jefazos haciendo cola?

—Has salido muy favorecido en la foto, Berni. Pareces un actor de cine.

—¿Te importaría firmarme un autógrafo?

¡Imbéciles!

Al final el artículo sugería que se nos escribiera: bastaba con poner nuestro nombre en un sobre y enviarlo al periódico. Yo ardía de impaciencia esperando las cartas.

Tardaron en llegar, pero llegaron; sin embargo, se trataba de cartas de propaganda. En ellas no se me ofrecía una plaza de aprendiz.

Monika, por su parte, recibió un montón de correspondencia. Las tres primeras cartas, a la mañana siguiente; y ella, hueca como una gallina clueca, se apresuró a leérnoslas mientras permanecíamos tumbados sobre nuestras toallas.

Una procedía de un «hombre solitario que necesita en su hogar una compañera joven para organizar la casa y disfrutar en común el tiempo de ocio». Otra la habían escrito tres estudiantes que se habían tomado a broma el asunto: «Querida señorita Monika: ¿Sigue estando usted disponible? ¡Magnífico! Nos gustaría tanto tenerla...» Y continuaban con memeces por el estilo.

La tercera carta provenía del Hotel Adler: «Estimada señorita Monika: sabemos lo penosa y difícil que es la situación de los alumnos que han terminado la escuela este año. Nosotros, tras una madura reflexión, hemos decidido, abjurando de nuestros propósitos originales, contratar a un aprendiz de camarero y a una ayudante de cocina. Si a usted le interesa esta oferta, preséntese en nuestro hotel. Nos encantaría recibirla por la tarde, a las 15 horas...»

—¿Qué? ¿Piensas ir?

—¡Pues claro que sí! Quizás sea la oportunidad que esperaba. Me da igual trabajar en la fábrica de conservas que en la cocina de un hotel...

En efecto: aquella misma tarde acudió a la cita, y a las cuatro y media estaba de vuelta en la piscina. Ni siquiera había perdido el tiempo en cambiarse de ropa cuando regresó a nuestro campamento de toallas.

—¡Vengo a despedirme de vosotros! Empiezo a trabajar mañana temprano —explicó Monika radiante de alegría.

Fue de toalla en toalla dándole la mano a todos, y a continuación se sentó a mi lado y charlamos un rato. Al despedirse, me dio un beso allí, en la piscina, a la vista de todos.

Luego desapareció, y sólo quedaron de ella las pálidas letras de su nombre dibujadas en mi pecho.

Ni siquiera habíamos concertado una cita para más adelante.

9

Cartas de los lectores referidas al artículo «¡AUN ESTAMOS DISPONIBLES!»

«... hay que alabar el hecho de que un profesor interceda en favor de sus antiguos alumnos. Si siempre y en todas partes se obrara así y sobre todo a tiempo, el caso, el problema, se resolvería con mucha más facilidad.»

«... Es una vergüenza que personas jóvenes sean ofrecidas como si de mercancías se tratara. Y este hecho es un claro síntoma de la progresiva degradación de nuestras costumbres. Aquí se muestra a chicos y chicas como productos venales, susceptibles de venta, y nosotros sufriremos, dentro de unos años, las consecuencias viendo cómo se pierden las buenas costumbres y se asiste a una compra-venta generalizada...»

«... Una prueba más de a dónde nos conduce el actual Gobierno. Nunca en la historia de la República Federal había sido preciso recurrir a tales medios para asegurarles a los adolescentes el pan y el trabajo. Esto es consecuencia de una política reformista vocinglera y diletante, que se llenó demasiado la boca de promesas y ahora se ve con las manos vacías...»

«Interviene un maestro. La redacción de un periódico le ayuda. Perfecto. Pero ¿qué será de los demás? Si el periódico quisiera recomendarles a todos, le faltarían páginas. Este tipo de medidas puntuales, por bienintencionadas que sean, no son la solución...»

«... Hay que preguntarse en qué medida se han vulnerado, en este asunto, disposiciones legales. En el tema del empleo sólo hay un organismo competente: el Instituto Federal de Previsión de Puestos de Trabajo, representado por las Oficinas Delegadas de Empleo. Si toleramos que cualquiera se convierta en intermediario, pronto disfrutaremos de una situación similar a la existente en el mercado de futbolistas, en la que...»

«... ¡Un aplauso para semejante profesor!»

«Cuando buscaba vivienda, tuve que pagar por insertar mi anuncio. A estos escolares, sin embargo, se les dedica gratuitamente un artículo entero y encima con fotografía incluida. A la vista de estos hechos he manifestado mi más enérgica protesta por el trato discriminatorio e injusto que he recibido, así como por el excesivo precio de su periódico...»

«... Y para terminar quiero darle las gracias al periódico y sobre todo al profesor Bremer. Ahora tengo un puesto de trabajo: desde hace cuatro días trabajo en el Hotel Adler, cuyo director se puso en contacto conmigo a raíz del artículo, y me encuentro muy satisfecha.»

*

Redactor: Señor Gebauer, usted es el director del Hotel Adler. ¿Qué le impulsó a darle trabajo a Monika?

Señor Gebauer: En realidad desde hace años hemos mantenido la misma política de empleo, y la verdad es que tampoco veíamos razón alguna para modificarla. Hasta que leí su artículo. Mejor dicho: para ser sincero he de reconocer que fue mi mujer la primera en leerlo mientras desayunábamos y me llamó la atención sobre el particular. Es a partir de ese instante cuando adquirí conciencia de que este año estamos viviendo una situación desacostumbrada.

Redactor: ¿Ha querido usted aportar su granito de arena para terminar con esa «situación desacostumbrada»?

Señor Gebauer: Exacto. No obstante, somos conscientes también de que por el hecho de que nosotros ofrezcamos trabajos a dos personas que acaban de terminar su etapa escolar, no vamos a solucionar el problema. Ahora bien, si todas las empresas de nuestra ciudad estuvieran dispuestas a hacer un pequeño esfuerzo adicional, dada la especial situación que estamos viviendo, se eliminaría, creo yo, el problema, al menos entre nosotros.

Redactor: ¡Una sugerencia muy razonable, señor Gebauer! Su reflexión coincide punto por punto con las ideas que nos movieron a publicar el artículo del señor Bremer. Le agradecemos su gesto de consciente responsabilidad y esperamos que pronto le salgan imitadores. Sea como fuere, pasado algún tiempo volveremos a informar sobre el tema.

Señor Gebauer: Una última puntualización: estamos muy satisfechos con el trabajo que ha desarrollado la señorita Monika estos primeros días. Por lo tanto, y para ser justos, no es a nosotros a quienes hay que agradecérselo, sino al revés, somos nosotros los que debemos darle las gracias a usted por el artículo.

10

No había recibido ninguna oferta a raíz del artículo del periódico, pero aún no estaba todo perdido. Yo me consolaba a mí mismo diciéndome que quizás me había rendido demasiado pronto. Seguro que si buscaba más a fondo, luchando contra los primeros gestos de rechazo, encontraría algo. Tenía que intentarlo.

Papá y mamá no debían saber nada del asunto. Si encontraba algo, les daría una sorpresa. Se alegrarían mucho, sobre todo papá, que cada día me lanzaba más indirectas: «glotón inútil», «vago a propósito», «busca y encontrarás», y otras frases por el estilo. Él debía saberlo.

Sin embargo, si yo me marchaba y buscaba por mi cuenta, luego, una vez en casa, podía dejar caer, por ejemplo durante la cena:

—Mañana empiezo en tal sitio…

Papá entonces pondría unos ojos como platos y ya no podría criticarme más diciendo que me pasaba el día entero tumbado al sol y haciendo el vago.

A la mañana siguiente tomé de nuevo el autobús para ir a la ciudad, pero esta vez me llevé la bolsa de deporte y las cosas de baño. Mis padres no debían enterarse de que yo albergaba otros propósitos. En la estación metí la bolsa de deporte en una taquilla de consigna: cargar con ella todo el día era un esfuerzo inútil. Me parecía aún un poco temprano para iniciar la ronda, así que saqué un bote de cola de la máquina, lo abrí, di el primer trago y me quedé mirando el escaparate del kiosko de prensa.

Fue en ese momento cuando se me acercó, apoyándose en el cristal con la palma de la mano, mientras con el dorso de la otra me sujetaba con suavidad las costillas. Mirándome con ojos acuosos me preguntó abriendo unos labios de los que brotaba una saliva espumosa y blanquecina:

—¿Tienes una colilla para mí?

Por su aspecto parecía como si llevara dos semanas sin quitarse la ropa, ni siquiera para dormir, y haber desayunado un buen vaso de aguardiente, o quizá dos. Por el bolsillo interior de su chaqueta asomaba una botella pequeña y plana.

—¿Y un cigarrillo? —insistió—. No lo quiero regalado. ¡Te lo compro!

Hurgó en el bolsillo de su chaqueta, sacó dos cerillas usadas que dejó caer al suelo, luego un papel que desplegó con gran parsimonia y dejó caer asimismo, y por fin, dos, no, tres monedas. Comenzó a agitarlas en la palma de su mano como si estuviera calculando mentalmente su valor y después dijo:

—Me quedan diecisiete centavos. ¿Me vendes un cigarrillo?

Vacilé un momento. Habría preferido marcharme dejándolo plantado, pero eché mano al bolsillo, saqué mi paquete de tabaco y tras darle unos golpecitos hasta que asomó un cigarrillo, se lo ofrecí, aunque casi a renglón seguido opté por sacarlo yo mismo del paquete.

—Aquí tiene —dije tendiéndole el pitillo—. No, de ninguna manera. No quiero dinero. Quédeselo.

—Gracias, muchacho, eres un verdadero colega —aprobó él, y tras golpearse la chaqueta sabedor de que no iba a encontrar en ella cerillas ni mechero, añadió—: ¿Me das fuego, por favor? Fumar, no: fumar sé hacerlo solo...

Yo se lo encendí. Aspiró una primera y profunda calada.

—¡Qué bien me sienta, tío, qué bien! Gracias por todo, colega.

Extrajo la botella plana del bolsillo interior de su chaqueta y la mantuvo a contraluz: aún quedaban dos dedos.

—¿Hace un trago?

Negué con la cabeza, lleno de repugnancia. No tengo nada contra el aguardiente, aunque nunca tomaría un trago tan temprano por la mañana. Sin embargo, la idea de beber de esa botella casi me revolvía el estómago.

—¿No? ¡Vale! —dijo satisfecho mientras se guardaba de nuevo la botella.

Dio otra calada. Cuando vio que yo me disponía a proseguir mi camino, me agarró con dos dedos de la manga.

—¡Quédate un rato! —dijo—. Es que no soy de aquí. He venido únicamente a buscar trabajo, ¿comprendes? ¿Sabes dónde puedo encontrar algo?

Yo meneé la cabeza con gesto taciturno. Le dirigí una mirada escrutadora de los pies a la cabeza y sentí cómo las comisuras de mis labios se contraían en un gesto de desdén.

—Si piensa ir con esa pinta a buscar trabajo, no creo que encuentre muchos —contesté.

Me hubiera dado de bofetadas al comprobar el tono despectivo que desprendían mis palabras.

—No, tienes razón —asintió—. No voy a encontrar ni uno.

Y de repente dejó caer su espalda por el escaparate hasta quedar sentado en el suelo con las piernas encogidas junto al pecho. Una vez en esa posición alzó la mirada hacia mí y noté que bizqueaba un poco.

—No voy a encontrar ni uno —repitió.

—Si quiere trabajar, lo primero que ha de evitar es empinar el codo al empezar la mañana —le aconsejé.

En ese momento me consideraba a mí mismo

muy superior porque estaba allí, de pie, por encima de él y le miraba desde arriba.

—¡Ay, colega! —dijo, y el tono de su voz y su mirada ascendente de teckel que admite su culpabilidad me hicieron temer que comenzase enseguida a lloriquear—. Ay, colega, bastante malo es de por sí verse obligado a trabajar cuando lo que a uno le gusta es hacer el vago. Esa situación le ataca a uno los nervios. Pero desear trabajar y hacer el vago al mismo tiempo, muchacho, es una situación que tienes que vivir para comprenderla. ¡No puedes figurarte lo terrible que resulta!

Los gestos de asentimiento de su cabeza estaban destinados a proporcionar mayor énfasis a sus palabras. Yo noté cómo crecía en mi interior la ira contra aquel borracho degenerado, contra aquel gorrón que permanecía sentado y bebido sobre el suelo mugriento de la estación, con su mirada quejumbrosa levantada hacia mí y deshaciéndose en lamentos autocompasivos, y que no era más que un ser nauseabundo.

—Vamos, vamos... Cuando uno quiere trabajar, trabaja: eso no tiene vuelta de hoja.

—¿De veras? —replicó él mirándome asombrado—. Pero hombre, es que no tienes ni idea de... Si yo te contara...

Pero en vez de hacerlo, se limitó a mirarme con esa mirada suya suplicante, torcida y llena de expectación, y me preguntó:

—Oye, ¿no tendrás un bocata para mí? No he comido desde hace dos días.

—El que no trabaja... —comencé, pero no acabé la frase porque me asusté al mismo tiempo que sentí que me ruborizaba—. Espere...

Me encaminé a las taquillas de la consigna, abrí la mía, extraje de mi bolsa de deporte el paquetito que contenía los panecillos con mantequilla y sacrifiqué de nuevo parte de mi dinero para cerrar otra vez la taquilla.

—¡Tome! —exclamé tendiéndole el paquetito con los panes, los huevos cocidos y la manzana—. ¡Tome!

—¡Caramba, chico! —gritó tirando el cigarrillo a medio consumir—. ¡Caramba, chico!

Casi inmediatamente le vi golpear un huevo contra su tacón y retirar con dedos ágiles las cáscaras para dejarlas caer al suelo.

—Debe de haber también una bolsita de sal —informé yo.

Pero él contestó con un movimiento de cabeza y se introdujo de golpe todo el huevo en la boca. Mientras sus ojos, acuosos y bizcos, repetían: ¡gracias!, ¡gracias!

Yo le dije adiós con un vago gesto de la mano y me apresuré a salir de aquella estación. Una bocanada de aire fresco me azotó mientras cruzaba la plaza situada delante de la estación. Me detuve un momento para pensar a dónde dirigirme primero. Mi pensamiento no se apartaba del hombre, que se había quedado en la estación y que en esos momentos debía de estar engullendo lo que mi madre me había preparado para pasar el día en la piscina. Tenía que hacerle una pregunta ahora mismo. Para mí era muy importante conocer la respuesta.

Así que di media vuelta, crucé de nuevo la plaza y volví a entrar en el frío edificio.

Él seguía en el mismo sitio, junto al escaparate; acababa de abrir un bocadillo y miraba lo que había puesto dentro mamá. Ni siquiera alzó la vista cuando las perneras de mi pantalón rozaron su rostro.

—¡Eh, oiga! —grité.

Levantó la cabeza y al reconocerme su cara se contrajo en una sonrisa.

—Contésteme a una pregunta: ¿qué ha estudiado usted?

Él mordió el bocadillo que sostenía en la mano, masticó unas cuantas veces y me miró con los ojos medio entornados, como si la pregunta le planteara considerables dificultades.

—¿Estudiar? —repitió—. Bueno, estudiar, lo que se dice estudiar, la verdad es que nada. Al abandonar la escuela pasé directamente a la construcción. Peón de albañil, tú ya me entiendes. Y gané mis buenos dineros, sí, ya lo creo que sí. Pero ahora ya nadie edifica...

Yo asentí en silencio, di media vuelta y salí al exterior.

De manera que no había estudiado nada...

11

No, no podía buscar un empleo puro y simple. Un empleo estaba bien, por ejemplo, para un colegial o un estudiante que quería ganarse unos marcos durante las vacaciones. No obstante, para vivir bien y durante toda la vida del propio trabajo, había que ejercer una profesión que se pudiera aprender como es debido. Mecánico especialista, por ejemplo. O cualquier otro oficio, tampoco era tan importante ser mecánico. Pero tenía que ser una auténtica profesión que se pudiera conseguir a base de aprendizaje y de estudio.

Meterse en cualquier tipo de trabajo para ganarse unos marcos e independizarse de los padres era el principio del fin, porque el que hacía eso pasaba desde ese momento a integrar la lista de aquellos que eran puestos de patitas en la calle en cuanto la economía flaqueaba. Los obreros no cualificados eran siempre los primeros en ser despedidos, eso estaba claro. También eran los más fáciles de sustituir cuando las cosas cambiaban.

Papá era uno de ellos, aunque llevaba ya tanto tiempo en la empresa que se había convertido casi en un especialista. Pero el suyo no era un caso típico, desde luego.

No, era preferible esperar un poco más y elegir el camino adecuado. Si no este año, el próximo.

¡Otra bobada de las mías! Si este año no había suficientes plazas de aprendices, ¿de dónde las iban a sacar el que viene? Sobre todo teniendo en cuenta que entonces terminarían la escuela los que ahora cursan bachillerato, aumentando así el número de gente que busca plazas de aprendiz. Además, ya se sabe que cuanto mayor eres, menos te eligen las empresas.

¿Qué hacer entonces? ¿Coger lo primero que salga con tal de que sea un trabajo y dé algo de dinero?

¡Maldita sea! ¡El asunto resultaba endiabladamente difícil!

Es como uno de esos juegos en los que, desde un lugar determinado, hay que buscar el camino justo que lleva a la meta. Si en cualquier lugar de ese laberinto uno elige la curva equivocada, te has caído con todo el equipo, porque hagas lo que hagas ya nunca llegarás a la meta. Todo depende de un buen comienzo. Si te decides por la dirección equivocada, se acabó.

Había que pensar las cosas con calma.

Elegir la dirección acertada no era precisamente una tarea fácil. ¡Ojalá conociera con exactitud el camino verdadero! Pero el que yo quería estaba tapiado con un muro, así que ya no tenía oportunidad alguna de alcanzar la meta. Ya no me quedaba más remedio que tomar la senda equivocada, y en ese caso...

¡No! ¡Yo no quería acabar como ese vagabundo: sentado en el suelo de la estación y mendigando a desconocidos una colilla o un mendrugo de pan para matar el hambre!

¿Cómo le había sucedido eso? Según me dijo, había trabajado en la construcción como peón y le habían despedido porque ya se construían menos casas. ¿No tenía derecho entonces a recibir un subsidio de desempleo? ¿O es que no existía?

En caso de que existiese, ¿qué era yo en realidad? ¡Un parado! Sí, de acuerdo, no había trabajado nunca, cierto, pero ganas no me faltaban. ¡Ahora me tocaba a mí! Yo quería trabajar, aunque de hecho no trabajaba porque nadie me había ofrecido nada. ¿Y eso qué significaba? Que yo estaba en el paro, y que debía cobrar, por tanto, el subsidio de desempleo. Era lógico. Estaba claro como el agua. Resultaba curioso que papá no hubiera caído aún en ello.

Seguro que los de la Oficina de Empleo, cuando se vieran obligados a pagarme el subsidio de paro, se esforzarían al máximo para encontrarme una plaza de aprendiz y evitar seguir pagándome. Todo el mundo sabe que el Estado prefiere recaudar a desembolsar. Sí, era la mejor solución. Tenía que acudir a la Oficina de Empleo para inscribirme y percibir el subsidio de desempleo. Luego ya veríamos.

La Oficina de Empleo era muy grande y yo no sabía a quién dirigirme. Por lo visto, tampoco lo adivinó el portero desde su cabina acristalada.

—¿A dónde vas, joven?

—No lo sé. Primero deseo informarme del subsidio de desempleo, o como se llame.

—¿Eres un parado?

Me miró con desconfianza, como si fuera preciso estudiar al menos tres años para poder definirse así.

—No he conseguido una plaza de aprendiz.

—¿De aprendiz? ¡Entonces no eres un parado!

—Pues estoy sin trabajo...

—Eso no tiene nada que ver. Debes dirigirte a Orientación Profesional, primer piso, despacho 14. Allí te orientarán.

Cerró su ventanilla de un codazo, porque le faltaba el brazo. ¡Qué trabajo más tranquilo! Seguro que pronto se aprendía uno los cuatro nombres y sus respectivos despachos. Eso sería para mí... ¡Bobadas! Seguro que le habían dado el trabajo única y exclusivamente por ser manco. De modo que mejor no...

En el despacho 14 había dos mujeres. Una tecleaba en una máquina de escribir; la otra cerraba el periódico justo cuando yo entraba «de uno en uno», tal como se leía en el cartel colgado en el exterior de la puerta.

—¿Qué desea?

—Me gustaría saber... Mire: el caso es que yo no he conseguido una plaza de aprendiz, o sea que, por decirlo de alguna manera, soy un parado. Me gustaría entonces saber dónde obtener el subsidio de desempleo...

La mujer me miró como si acabara de contarle un chiste desternillante... No, más bien como si hubiera soltado ante sus narices algo que las gentes decentes ni siquiera se atrevían a pensar en lo más íntimo de su corazón. En un primer momento se me quedó mirando absorta y luego soltó una risita ahogada.

—¡Edith, escucha esto! —gritó.

La mujer que aporreaba la máquina de escribir interrumpió su labor y clavó sus ojos en mí.

—¡Pásmate, Edith! Este joven solicita el subsidio de desempleo. ¡Por fin algo fuera de lo corriente! Es enternecedor: no desea una plaza de aprendiz. Lo que él quiere, sencilla y llanamente, es convertirse en un parado. ¿Has oído una cosa igual en tu vida? ¡Es un verdadero profesional!

—¡A la cama no te irás, sin saber una cosa más! —sentenció Edith reanudando su tarea de aporrear las teclas.

El tono de sus palabras acabó por sacarme de mis casillas.

—¡Lo que yo quiero es una plaza para entrar de aprendiz, pero no la encuentro! Por tanto, estoy en paro, ¿o no? ¿O es que ustedes lo llaman aquí de otra forma? Desde luego, no es culpa mía. Yo me muero de ganas por trabajar, pero no me dejan, conque…

—Está bien, muchacho, no te alteres…

La mujer esbozó de pronto una sonrisa maternal y continuó:

—No es competencia nuestra. Nuestro trabajo se reduce a encauzar a la gente hacia el consejero competente. Eso es todo. Tú eres un caso especial, salta a la vista. A ti no te podemos quitar de encima remitiéndote a un despacho de orientación cualquiera. No. Tú eres un caso a resolver por el jefe de negociado en persona.

Edith, desconcertada, interrumpió su martilleo y musitó:

—No digas…

—Lo repito: por el jefe de negociado en persona —insistió la mujer de sonrisa maternal—. Él nos tiene dicho que cuando algún caso se salga de la rutina se lo encomendemos para llevarlo él personalmente. De manera que….

Descolgó el teléfono, marcó, habló, colgó y al fin informó:

—Despacho 17.

Yo me sentí henchido de amor propio. ¡Era un caso para el jefe de negociado en persona! Sin embargo, ese sentimiento no duró mucho. Apenas tres minutos escasos. Me sucedió lo mismo que a un globo al pincharle con un alfiler: de repente me desvanecí en el aire y ya no fui nada. Ni siquiera un parado. «Sólo puedes serlo», me explicó el jefe de negociado, «si antes has trabajado. El dinero del subsidio de desempleo no cae llovido del cielo, sino que procede de la solidaridad de todos los trabajadores, que ingresan en una cuenta común una suma determinada de su salario o jornal. Si uno de los que han contribuido con sus aportaciones a llenar el puchero común se queda sin trabajo, la comunidad le proporciona el subsidio de desempleo...»

—Tú no has contribuido ni siquiera con un céntimo al seguro de desempleo, por tanto no puedes exigir a los trabajadores que te permitan meter la cuchara en el puchero común.

—Pues no encuentro ni una sola plaza vacante de aprendiz...

—Cierto, ¡muy cierto! Hay que procurarte algo. ¿Qué te gustaría ser?

—Mecánico especialista.

—¡Un momento! —descolgó el teléfono y marcó un número—. ¿Señor Weber? Tengo aquí un caso para usted. Venga un momento, por favor... Bueno, espere, yo le envío al muchacho —colgó—. Vaya usted al despacho número 19. El señor Weber se ocupará de usted. Seríamos el hazmerreír del mundo si no consiguiéramos encontrarle otra cosa que un subsidio de desempleo.

—¡Muchas gracias!

—¡Buena suerte, muchacho!

Al final resultó que yo ya conocía al señor Weber: era el que nos había visitado en la escuela. En cuanto le vi, recordé nuestro primer encuentro y dejé de creer que el asunto que me traía entre manos tuviera algún objeto.

Me vi obligado a explicar de nuevo al señor

Weber lo que me gustaría ser —era la enésima vez que se lo contaba a alguien—, y tras escucharme revolvió en la mesa de despacho, sacó un montón de cosas y dijo:

—Primero vamos a ver si está realmente capacitado para desarrollar esa actividad.

Tuve que torcer un par de alambres, componer figuras para formar un cuadrado, distinguir en un dibujo cuál de las ruedas giraría si yo tiraba de un determinado cordel, y otras muchas pruebas por el estilo.

Cuando acabé, me dijo el señor Weber:

—Bien, muchacho, no hay duda: tiene usted unas dotes extraordinarias para ser mecánico especialista, profesión que ha elegido. No suele ocurrirnos muy a menudo un caso semejante. Con demasiada frecuencia sucede que a los chicos se les meten en la cabeza profesiones para las que no cuentan con aptitudes personales, como si un daltónico, por ejemplo, quisiera hacerse pintor.

Las pruebas que me había puesto me habían parecido un juego de niños. Respiré aliviado. Por fin estaba claro: yo tenía «unas dotes extraordinarias para ser mecánico especialista».

El señor Weber arrugó la piel de su cara como si fuera un teckel haciendo gracias para conseguir algo.

—Sólo veo un inconveniente en todo este asunto: no existen vacantes de aprendizaje para mecánicos especialistas.

Por un momento pareció francamente desilusionado, pero enseguida recobró la sonrisa.

—Sin embargo, no debe usted empeñarse en lo de mecánico. Hay profesiones parecidas que requieren la misma capacitación y que en parte están mejor retribuidas —me explicó mientras repiqueteaba con el bolígrafo sobre el tablero de la mesa con un ritmo machacón—. Me refiero, por ejemplo, a relojero. ¿No te gusta acaso esa profesión?

A mí no me había pasado por la imaginación nada parecido y la sugerencia me dejó un tanto sorprendido. «¿Relojero? ¿Por qué no? Parece un trabajo delicado y a mí siempre me han gustado los trabajos delicados.»

—O quizás orfebre —insinuó—. Aunque en ese caso deberíamos averiguar primero si, además de gusto artístico, tienes suficiente sentido de la forma y del color. En una profesión como ésa el gusto artístico complementa necesariamente las habilidades puramente técnicas. Por ejemplo, ¿qué tal se te da el dibujo?

—No muy bien. Lo de relojero no estaría nada mal... Creo incluso que hasta tengo cualidades. ¿No le queda una plaza libre de aprendiz?

Su rostro se asemejó al tiempo de abril: al parecerme buena su sugerencia, brilló unos instantes, pero casi inmediatamente volvió a oscurecerse.

—No, eso no. No salen muchas plazas de relojero, y las pocas que salen, suelen adjudicarse bajo cuerda a conocidos. En la mayoría de los casos ni siquiera se nos permite actuar como intermediarios porque las empresas no nos informan de las plazas vacantes de aprendices.

—Tampoco tendrá usted nada disponible para orfebre, ¿no?

—Pues no, lo siento. De momento lo único que me interesa es hacerte comprender que no debes empecinarte en ser mecánico especialista a toda costa. Hay profesiones muy parecidas...

—... En las que tampoco se encuentran plazas de aprendiz.

—Sí, es cierto —volvió a tamborilear apenado con el bolígrafo—. Hay ocasiones en la vida en que uno debe asumir la desagradable tarea de cambiar de rumbo, iniciando un camino opuesto al que uno se había propuesto en un principio.

—Pero si yo decido convertirme en mecánico especialista y ninguna otra cosa me gusta...

—¿Cómo sabes de antemano lo que te gusta o lo que no? ¿Conoces acaso las distintas profesiones? ¿Qué sabes tú del oficio de mecánico de máquinas de oficina o del de técnico de radio y televisión? ¡Nada! ¿Me equivoco?

—No, pero sí sé una cosa: tampoco existen plazas vacantes para aprender esas profesiones. ¿O sí?

—No, por el momento no.

Yo no sé si a otras personas les sucede lo mismo que a mí. Cuando en la escuela celebrábamos alguna fiesta a la que acudían los padres y alguno de nosotros tenía que recitar una poesía, a mí siempre me invadía la misma sensación, mezcla de embarazo y compasión, si se atascaba. Yo lo pasaba tan mal como el que estaba encima del escenario. Ahora me ocurría algo muy parecido con este hombre que se dedicaba a la orientación profesional. Me parecía un tendero que, se le pidiera lo que se le pidiera, siempre respondía de la misma manera: «Lo siento en el alma, pero en este momento hemos agotado las existencias.»

—Muchas gracias y perdón por las molestias. ¡Adiós! —dije al marcharme.

Él todavía gritó algo, intentando retenerme, pero la verdad es que por su tono de voz parecía no tener interés alguno en que me quedase.

12

Bernhard caminaba meditabundo por la ciudad. Le parecía imposible no encontrar un trabajo.

¿Por qué le pasaba precisamente a él? ¿Es que era más tonto que los demás? ¿Más vago? ¿Más débil? No, desde luego que no.

El resto de la gente, sin embargo, trabajaba. La calle estaba repleta de tiendas, y en ellas se vendía y se compraba. Unos vendían ganando con ello dinero, y otros compraban con dinero que habían ganado de otra manera.

Bernhard casi envidiaba al chico vestido con un guardapolvos que, delante de una tienda de comestibles, llenaba unas bolsas de melocotones. En la acera de enfrente un muchacho, subido a una escalera, limpiaba un escaparate. ¡Bueno o malo, era un trabajo! Le resultaba inconcebible ser él el único que no encontraba nada. No obstante, hasta la gente de la oficina de empleo desconocía el camino a seguir. ¿Cómo entonces iba a encontrarlo él solo? Carecía de sentido ir de casa en casa mendigando un trabajo, cualquier trabajo, como un vendedor de aspiradoras. Al tal señor Weber, sí, el de la Oficina de Empleo, no le faltaba razón en una cosa: no tenía que ser por fuerza mecánico especialista o algo similar. Lo esencial era trabajar en algo que pudiera enseñarle una verdadera profesión.

—¡Eh, Berni! ¿Qué pasa contigo? ¿Es que ya no saludas a los amigos?

Bernhard se estremeció del susto. A su lado se detuvo un camión traqueteante, con Heiner sentado al volante, el mismo Heiner que hacía escasas semanas se sentaba, al igual que Bernhard, en uno de los pupitres de la escuela.

—¡Anda! ¡Pero si eres tú! ¡Hola, Heiner! ¿Cómo te va? ¿A qué te dedicas?

—¿No lo sabes? Estudio para mecánico de automóviles en Lenen. Hoy precisamente tengo prácticas. Acaba de suspenderse una clase. ¿Y tú?

—Todavía no he conseguido nada.

—¿Cómo? ¿Te dedicas entonces a gandulear? ¡Oye, tío, menuda vida te pegas!

—¿Eso crees? Te la cambio…

—No, de ninguna manera. Era hablar por hablar: del dicho al hecho… A veces los aprendices pagamos el pato; sin embargo, mejor es eso que nada.

—¿Te gusta?

—Bueno… Vamos tirando. Al principio siempre ocurre lo mismo. Para nosotros lograr cambiar las bujías sin ayuda constituye todo un acontecimiento. En el curro nos comportamos como si sólo hubiéramos visto en nuestra vida un coche a un kilómetro. Lo que sí se nos permite, faltaría más, es lavar, comprobar la presión de las ruedas y el nivel del aceite y otras cosas parecidas. Pero pronto cambiarán las cosas. La semana próxima me van a asignar fijo a un maestro y con él aprenderé el oficio. Entonces es cuando se pondrá interesante el asunto.

—¿No os queda un huequecito libre?

—¿He oído bien? ¿Tú mecánico de coches? ¡Si nunca quisiste ni oír hablar del tema…!

—A la fuerza ahorcan…

Heiner meneó la cabeza.

—Con nosotros no hay nada que hacer. Pregunta, pero creo que será inútil. El jefe del taller no para de quejarse diciendo que somos demasiados aprendices, y eso que el taller no asegura el trabajo a los que terminan el aprendizaje…

—En un taller de automóviles como ése siempre hay trabajo…

—No creas… La gente ahorra también en el coche suprimiendo alguna revisión o, para reparar averías, comprando uno de esos libritos de «hágaselo usted mismo». Sólo acuden a nosotros cuando han hecho alguna chapuza. Ya no todo el mundo arregla en el acto una aleta abollada.

—¡Eh, tío! Oyéndote hablar cualquier diría que eres el viejo Lenen en persona.

—Sí, me hago cargo... pero es que día a día me trago por obligación ese tipo de chismes a la hora del bocadillo y de la comida... Bueno, Berni, he de irme. ¡Hasta la vista, macho! ¡Suerte! ¡Que encuentres trabajo pronto!

Y salió zumbando.

«¡Suerte! Como si la suerte pudiera ayudarme...», pensó Bernhard malhumorado. Pero no tardó en darse cuenta de lo injusto de su pensamiento. Seguro que Heiner lo había dicho con la mejor intención del mundo. Como es natural, en el fondo le debía resultar indiferente que Bernhard encontrara una plaza de aprendiz. Él ya la había conseguido. Sucedía en este punto como en invierno: cuando uno lleva un abrigo que da calor, no nota cómo el prójimo pasa frío. Antes son mis dientes que mis parientes. Así son las cosas y así van a seguir.

Bernd recordó un cuadro que había visto en el pasado: un caballero dividía su capa en dos con la espada para dar la mitad a un mendigo desnudo. A primera vista el gesto parecía de una nobleza sublime, pero en realidad era una supina tontería. Media capa no calentaba a nadie, y en consecuencia, si en vez de ser uno el que pasa frío son dos, eso no implica precisamente una mejora de la situación. Además, seguro que el caballero guardaba en su casa al menos otro par de capas, por lo que cabe pensar que su compasión era más que otra cosa un gesto de cara a la galería. Si hoy hubiera siempre cerca de las personas una cámara de televisión o, al menos, un reportero gráfico, quizás nos volviéramos más nobles y solidarios.

Sin embargo, prestar ayuda, una ayuda de verdad porque se la considera acertada, importante, y necesaria, y además porque has llegado a la conclusión de que puedes hacerlo... es algo ilusorio, algo que sólo existe en los libros y en cuadros piadosos.

13

Cuando el profesor Bremer descendió de su Volkswagen con su albornoz enrollado bajo el brazo para dirigirse a la taquilla de la piscina estaba de buen humor.

«¡Qué alegría le voy a dar!», pensaba. «No es justo lo que él quería, pero desde luego es mejor que nada.»

Se cambió, se duchó y cuando se disponía a saltar al agua, pareció pensarlo mejor y se encaminó al campamento de toallas, donde solía hallarse Bernd.

Pero no le encontró.

—¿Sabéis dónde está Willnow?

Pit y Uwe giraron hasta colocarse boca arriba y parpadearon al levantar la vista.

—Buenos días, señor Bremer —saludó Pit—. No, Berni no ha venido hoy. Creo que pensaba ir a la oficina de empleo a preguntar si tenían algo para él. ¡En mi opinión, podía haberse ahorrado el paseo!

—Pues a mí me parece una excelente idea. ¡Él se esfuerza de veras por conseguir trabajo! —replicó el señor Bremer.

Sus palabras traslucían un velado reproche. Él lo notó y tras intentar disimularlo con una sonrisa añadió:

—Si en estos momentos estuviera aquí, quizás yo pudiera proporcionarle un trabajo.

—A lo mejor aún viene —dijo Uwe—. ¿Quiere que le demos algún recado?

—Sí, buena idea. Decidle que vaya a la gasolinera Fischer. Es la que está justo al lado del puente, seguro que la conoce. Siempre llevo allí mi coche. Hace un momento acabo de hablar con el jefe, el señor Fischer, y me ha dicho que le daría una oportunidad a un muchacho que no hubiera encontrado plaza de aprendiz. Yo le he prometido que le enviaría un antiguo alumno mío capacitado, y justo en ese momento pensé en Bernhard. Por favor, en cuanto le veáis, dadle inmediatamente este recado: que vaya a ver a Fischer y le diga que va de mi parte, ¿de acuerdo?

—¡De acuerdo, señor Bremer! Se lo diremos.

—Magnífico. Muchas gracias, y que os divirtáis.

El profesor se encaminó hacia la piscina.

Pit y Uwe se quedaron hablando del asunto.

—Bueno, por lo menos Bernd ha tenido suerte. Trabajar en una gasolinera no está nada mal. En mi edificio vive uno que también trabaja en una gasolinera. Es pura y simplemente un vendedor de gasolina, un obrero apenas cualificado. Pero cuando cuenta lo que se embolsa en propinas... El jornal no es muy alto, cierto... Pero las propinas, bueno, eso ni te lo imaginas. En cuanto uno está un poco atento y limpia los cristales y le pasa un paño a los faros, ya sabes... El que vive en nuestro edificio afirma que hoy nadie da menos de un marco de propina.

Por las palabras de Uwe, casi se deducía que a Bernhard le había tocado el gordo o poco menos.

—¿En serio? ¿No será que vuestro convecino se tira pegotes? —preguntó Pit con tono escéptico.

—¿Pegotes? ¡Y un cuerno! Estoy cansado de verle tirando el dinero a diestro y siniestro. Bueno, no es que yo le haya visto con mis propios ojos; lo que quiero decir es que no le falta de nada. A su lado, nosotros con nuestra asignación parecemos mendigos necesitados de la caridad pública...

—Espero que Berni, si consigue la plaza, nos invite...

—¡Hombre...! Es que si no lo hace le molemos a palos...

Bernhard, sin embargo, no se presentó ese día. El profesor Bremer, por su parte, regresó una vez más para recordarles:

—No olvidéis decirle a Berni lo de la gasolinera o el bueno de Fischer, después de lo que me ha costado convencerle, esperará en vano a su nuevo ayudante.

—¡Descuide! ¡El señor Fischer tendrá su aprendiz! —aseguró Pit.

14

Al día siguiente Bernd volvió a la piscina. Uwe y algunas chicas nadaban; Klaus apenas se dejaba ver desde hacía algún tiempo y Pit, cosa rara, no se había presentado ese día.

Chapotearon en el agua, corrieron tras una pelota y se tumbaron al sol en las toallas. Al rato Uwe se acordó:

—¡Oye, tío! ¡Casi se me olvida! Bremer estuvo aquí ayer preguntando por ti.

—¡No me digas...! ¿Qué quería?

—Te ha encontrado trabajo. Tienes que ir a la gasolinera de Fischer, ya sabes, justo la que está junto al puente, y decir que vas de su parte. El tal Fischer quiere colocar a un aprendiz. Fue Bremer quien le convenció y el que te recomendó para el puesto.

Bernd se puso en marcha.

—¿Y me lo dices ahora? ¡Tío, estás loco! ¡He de irme ahora mismo!

Comenzó a enrollar su toalla.

—No será tan urgente; vamos, digo yo —opinó Uwe—. No creo que a estas alturas importe mucho una hora más o menos. Pronto te encontrarás metido dentro de un mono mugriento. Cuando tú estés trabajando, yo me pasaré por allí con mi «buga» y me llenarás gratis el depósito, ¿vale?

Bernd no respondió. Deseaba marcharse lo más aprisa posible. En su cabeza bullían demasiadas ideas.

«Una gasolinera... No es precisamente lo que yo deseaba, pero no deja de ser un trabajo. Nadie me obliga a jubilarme allí. Puedo mantener los ojos abiertos y seguir buscando... Quizás encuentre algún día algo mejor. Lo más importante es conseguir un trabajo y ganar unos marcos...»

Apenas media hora después, Bernd se encontraba ante la puerta de cristal en la que se leía «Oficina». Respiró hondo, llamó con los nudillos y entró.

Un hombre robusto, vestido con un mono gris, estaba sentado tras una mesita de despacho. Al entrar él, el hombre apartó la vista de sus papeles.

—¿Qué hay?

—Buenos días. Soy Bernhard Willnow y vengo de parte del señor Bremer. Bueno, él me dijo que viniera a verle a usted.

—¿Tú... a mí?

—Sí... siempre que sea usted el señor Fischer... Lo es, ¿no?

—Claro. Yo hablé ayer con el señor Bremer. Cierto, y le prometí que daría trabajo muy gustoso a un muchacho. Repito: a uno, no a media clase.

—¿Qué pretende decir con eso de media clase? Le repito que soy...

—El segundo, eso es lo que eres. El primero llegó ayer mismo por la tarde. Un chico vivaz, servicial y hábil. Lo percibí en la primera ojeada, ¿sabes? Cuando llevas en esta profesión tanto tiempo como yo, adquieres un ojo especial para ver qué muchacho te va a servir y cuál no. También él venía de parte del señor Bremer, a quien le había prometido que cogería a un antiguo alumno suyo. De modo que admití enseguida al chico. Está terminando su primer día de trabajo. Aún sigue por ahí, en el lavacoches. Si rodeas la casa, lo verás. Tú debes de conocerlo, porque también fue alumno del señor Bremer...

—¿Y yo? ¿No le queda a usted una plaza para mí?

—No, chico, seguro que no. En realidad no pensaba contratar a nadie, pero me convencieron y he cogido a uno. Puede que uno me venga muy bien, pero dos, de ninguna manera... Lo que es demasiado, es demasiado. Es sencillamente imposible. Además, sé por propia experiencia que dos chicos rinden menos que uno solo, porque se dedican a hacer el tonto, a charlar sin ton ni son y a cometer todo tipo de travesuras, mientras en lo tocante al trabajo sucio, cada uno pretende endosárselo a toda costa al otro. No, no... Dos, no. Has tenido mala suerte, hijo. El que primero llega, gana el premio.

Bernhard se volvió sin decir palabra y salió al exterior. Al terminar de subir la corta rampa que desembocaba en la acera, se quedó paralizado, se dio la vuelta y regresó a la casa. Desde la esquina divisaba perfectamente el lavadero, ocupado por un Ford Taunus, pero no consiguió reconocer al que lo estaba lavando. Había alguien al otro lado con una manguera. Justo en ese instante salía de detrás del coche...

¡Pit!

Durante unos segundos Pit miró hacia la casa. Por fuerza debió de ver a Bernd, pero giró con rapidez para dirigir el chorro de agua hacia los neumáticos.

En un primer momento Bernd tuvo intención de bajar corriendo, agarrar al otro y pedirle explicaciones. Pero enseguida pensó: «No, ya carece de sentido. Aunque me peleara con él, tampoco eso cambiaría las cosas. No obstante, tampoco estoy dispuesto a tragarme sin más ni más una canallada semejante...»

Bernd regresó a la oficina.

—¿Puedo telefonear? —preguntó.

El señor Fischer le indicó con un ademán el teléfono.

Bernd hojeó la guía y después de buscar el número que necesitaba, lo marcó.

—¿Señor Bremer? Aquí Bernhard Willnow... No, no ha resultado lo de la gasolinera... Porque se me adelantó otro... Sí, otro... ¡Seguro que lo conoce! ¡Es Pit! Se enteró ayer por usted, vino corriendo y le dieron la plaza. Ya está trabajando. Acabo de verlo... No, no he hablado con él... Sí, espere un momento, le paso al señor Fischer...

Bernd se volvió.

—Señor Fischer, el señor Bremer desea hablar con usted.

El dueño de la gasolinera se acercó al aparato.

—Fischer al habla. Buenos días, señor Bremer. Tengo que decirle que su sugerencia no ha sido mala. El chico ha empezado esta mañana temprano y hasta ahora estoy muy satisfecho. Es eficaz y parece gustarle su trabajo. De verdad, me ha hecho usted un favor. Ya se lo devolveré de alguna manera... ¿Cómo? ¿Qué dice? ¿Que es un impostor? ¡Eso es imposible...! No, no, usted no me dio ningún nombre... ¿Así que no era el que yo he contratado...? No, señor Bremer, los dos no puedo, ni con la mejor voluntad del mundo... ¿Cómo? ¿Que despida a Pit y coja al otro? Me resulta inconcebible que sea usted capaz de sugerirme una cosa semejante, señor Bremer. No puedo hacer eso. Un hombre sólo tiene una palabra... ¿Que le ha engañado? No, yo veo el asunto de manera muy distinta. ¿Cómo dicen los ingleses? *The early bird catches the worm!* Yo también estudié en mis tiempos inglés en la escuela. El pájaro Pit fue el más rápido y en consecuencia fue él quien atrapó el gusano... ¿Que no le parece *fair*? Mire usted... Eso de *fair* queda muy bien en el campo de fútbol, pero en la vida profesional... Usted, claro está, es funcionario, de modo que no ve las cosas del mismo modo... Sin embargo en el mercado libre soplan otros vientos: la economía necesita personas que sepan con exactitud cuándo, dónde y cómo pueden aprovechar una ocasión por los pelos... No, no, señor Bremer, me quedo con Pit... ¡Eh, señor Bremer! No sea usted tan pesimista. El otro también hallará algo. Él también produce una buena impresión, aunque no es tan *clever* como Pit, ¿me entiende?

Bernhard no esperó a que la conversación terminara. Era absurdo. Y salió corriendo.

15

—¡Vamos, chico, no corras tanto! —le sugirió Vatti, quien a pesar de todo le sirvió a Bernhard otra cerveza.

En lo más íntimo de su ser, a Vatti le disgustaba que estos jóvenes granujillas bebieran sin tino y sin tasa. Claro que Vatti, como buen tabernero, era un hombre de negocios que debía estar satisfecho a fin de mes con las ventas.

No se observaba mucha animación en la cervecería de Vatti. En una mesa del rincón, Schorse, Herbert y Helmut jugaban a las cartas mientras bebían como cosacos. A su mesa se sentaba además un mirón, que presumía tanto que no le daba tiempo a beber. En el rincón había también dos amigos que conversaban entre sí en voz baja pero con vehemencia. Bebían cubalibres. Y por fin estaba Bernhard, el hijo de Willnow. Eso era todo. Desde esa misma tarde se veía venir. Vatti lo habría jurado. Los jueves ponían películas policiacas en la tele, y ya se sabe... Tenía pocos parroquianos. Pronto podría cerrar la cervecería.

A decir verdad era la primera vez que bebía tanto el joven Willnow. Apenas se dejaba caer por allí. A lo sumo los sábados o domingos por la tarde cuando esos golfillos regresaban del campo de fútbol. En esas ocasiones, por lo general, se limitaba a tomar una coca-cola, a veces con unas gotas de alcohol. Ese día, sin embargo, le estaba pegando de lo lindo a la cerveza. Ya iba por la séptima jarra por lo menos.

—Me debía traer sin cuidado —murmuró Vatti mientras pasaba un paño por su mostrador cromado.

En realidad, no le daba igual en absoluto. «Cuando un golfillo de esa edad se sienta a una mesa solo como la una y se emborracha, es que algo va mal», pensaba. «Lo sé, no en vano llevo treinta años en este negocio... A todos los chicos les gusta echarse un trago de tarde en tarde, por supuesto, pero siempre cuando se reúne toda la pandilla a discutir sus cosas. Entonces se sienten como un grupo de adultos. No, entre los jóvenes apenas se da el fenómeno de ver a uno de ellos inflarse a beber completamente solo. El que se comporta así tiene que llevar unos cuantos años más sobre la chepa y haber sufrido amarguras y desilusiones.

Debería tener un motivo concreto para ahogar su disgusto o sus penas. ¿Qué disgustos va a tener un chico de esa edad? Y no digamos ya penas: por entonces se desconoce por completo el sentido de esa palabra...» Vatti, tras limpiar una jarra de cerveza, la colocó a contraluz y miró de soslayo por el cristal hacia la mesa de Bernhard, que había vaciado de nuevo su jarra y levantaba el puño con el pulgar hacia arriba. ¡Desde luego bebía como un viejo!

Vatti dejó con gesto airado la jarra sobre el mostrador, se encaminó hacia el muchacho y se sentó frente a él.

—¡Demonios, muchacho! ¿No crees que ya es bastante? ¿Qué diablos te pasa? ¡Tú nunca bebes tanto!

—¡Hoy sí!

El tono de cólera enfureció a Vatti.

—Siempre que te lo sirvan, Berni. Y por hoy me parece que ya has cubierto el cupo. Por lo menos en mi casa. Con lo que has bebido te basta y te sobra. A tu edad no deberías...

Bernhard inclinó la cabeza y miró al dueño de la cervecería.

—Esto que tienes aquí ¿es una cervecería o un centro de catequesis?

Vatti reparó en que Bernhard por primera vez le tuteaba. Era una señal inequívoca de que comenzaba a sentirse adulto. Los niños trataban a los mayores con absoluta corrección, llamándoles de usted; luego crecían y durante una época permanecían indecisos, sin saber qué hacer, hasta que un buen día tuteaban a Vatti. En el pueblo todo esto conformaba uno de los ritos de la pubertad. En el caso del joven Willnow había acaecido un tanto prematuramente, pero Vatti no juzgó oportuna una reprimenda.

—Yo soy dueño de un mesón, Berni. Un

mesón bien llevado y acreditado. Por tanto, no voy a permitir que niñatos como tú se emborrachen en mi establecimiento. Hay leyes, tú lo sabes, y yo debo cumplirlas o me buscaré problemas. Reconozco que no me importa hacer la vista gorda de vez en cuando; quiero decir que en mi casa nadie os obliga a beber leche caliente con miel, pero tampoco hay que pasarse. Si tú regresas a tu casa como una cuba, eso me costará una pelea con tu madre, y es lo que menos deseo, ¿comprendes?

—Está bien —dijo Bernhard desanimado.

—¿Qué demonios te ocurre? —preguntó Vatti con sincero interés.

—No tengo trabajo.

Vatti esbozó una sonrisa.

—Cielos, chico. Ése no es motivo para emborracharse. Si se tratase de penas de amor... bien, lo entendería, pero no tener trabajo... Hay gente que se ha matado a trabajar, pero, que yo sepa, nadie se ha matado por hacer el vago.

—No me parece que sea cosa de risa...

Vatti se puso serio.

—No, hijo, no era ésa mi intención. Ya te saldrá algo. Eres un joven despierto, preparado y dispuesto. La gente como tú encuentra empleo en cualquier parte. Si no hoy, mañana. Tampoco hay por qué fijar el día exacto.

—De nada sirve todo eso cuando se vive a costa de los padres.

—Yo que tú no me preocuparía tanto por ese asunto, hijo. Conozco a tu padre, y a tu madre la conocí cuando era una niña. ¿Crees que te van a echar en cara o calcular lo que cuesta la sopa que te sirven en el plato? No, ellos se alegran de tenerte aún en casa. Yo, que los conozco de sobra, puedo asegurarlo. Además, esta situación no va a durar eternamente. Tarde o temprano encontrarás algo. Todos lo encuentran.

—Pues yo no.

—Está bien. Atiende. Si tratas de ganar unos cuantos marcos, voy a proponerte un negocio. El sábado los cazadores se divierten de lo lindo. ¿Quieres hacer de camarero? Cinco marcos por hora y las propinas, y además bebidas gratis. ¿De acuerdo?

—De acuerdo —respondió Bernhard—. ¿Cuándo empiezo?

—Me gustaría que estuvieras aquí a las nueve de la mañana. A esa hora empiezan ya con el aperitivo.

—¿Cuánto dura?

—Cualquiera sabe... Nunca regresan a casa antes de las tres de la madrugada. Claro que es posible también que nos den las del alba...

—¿Dieciocho horas?

—Pongamos veinte. Cien marcos en mano y las propinas. ¿Te hace?

—¡Pues claro! ¡Cóbrame!

—Siete jarras, cinco sesenta.

Bernhard hurgó en el bolsillo, contó el dinero y dirigió a Vatti una mirada insegura.

—Vaya, por desgracia sólo me quedan cuatro noventa.

—Está bien, chico. La última jarra corre de mi cuenta. Es una invitación de la casa, o un anticipo...

—Bueno, entonces hasta pasado mañana temprano.

—De acuerdo.

Cuando Vatti les sirvió otra ronda a los jugadores de cartas, Schorse dijo:

—Es casi un chiquillo y ya empieza a beber. Si fuera mi hijo... Pero eso es imposible, a los míos lo único que les gusta es la leche...

Vatti le escuchó sin inmutarse. Hacía tiempo que estaba acostumbrado.

«Si tú supieras...», pensaba. «Si supieras que hace un momento hemos dejado salir a tu Lothar por la puerta trasera cuando tú entrabas por la delantera... Y desde luego no iba muy sereno precisamente. Sin embargo, hasta que tú llegues a casa tiene tiempo de dormir tres veces la mona...»

16

«He debido de comer algo en mal estado», me ha dicho el muy golfo. ¡En mal estado! Pero si olía a leguas a cerveza... Y eso es ni más ni menos lo que ha vomitado. La colcha apesta a cerveza agria...

¡Las cosas ya no pueden seguir así! ¡El chico se me va a echar a perder! Es un buen muchacho. Nadie lo sabe mejor que yo, que lo he parido...

En fin, por lo menos ha venido derechito a casa. Apenas se le notaba que había bebido. ¡Menos mal! Peor hubiera sido que hubiera ido por el pueblo haciendo eses, porque ya andaríamos en boca de todos. Claro que si lo consideramos con detenimiento...

¡Debería darle vergüenza...! ¿Vergüenza? ¿Por qué? ¿Qué culpa tiene el muchacho si la vida no le ofrece salidas? Por eso los chiquillos como él tienen la cabeza llena de ideas estúpidas. Menos mal que su padre no está hoy en casa. Se hubiera puesto hecho una furia. De todas maneras, es una cruz en los últimos tiempos. En cuanto ve a Berni, ya está el jaleo armado. Y en realidad tampoco eso es justo. ¿Qué culpa tiene el chico de estar todo el día vagabundeando sin nada que hacer? Él quiere trabajar, pero no le dejan...

En cuanto a Vatti... Le voy a decir cuatro cosas apenas me lo eche a la cara. ¿Por qué sirve a esos chiquillos? Es un hombre insaciable. No cambiará nunca... Le da igual que los chavales se acostumbren al alochol; para él lo más importante es hacer caja. ¡Me va a oír! ¡Vaya si me va a oír! Y como se le ocurra servir una cerveza a nuestro Berni...

¡Bah, qué tontería! Si no consiguiera tomarse una copa en casa de Vatti, marcharía al pueblo de al lado y allí bebería sin problemas... ¡Ésos son todos iguales! Son capaces de vender a su padre con tal de ganar unos marcos. Ya se sabe, genio y figura... Si los niños beben, los hombres se emborrachan, y cuanto más adultos borrachos haya, mejor marchará el negocio.

Tengo que hablar con el muchacho, apelar a su conciencia. Sin demora. En cuanto haya comido algo. Ahora carece de sentido. Ofrece un aspecto de lo más miserable. Parece un pingajo. Claro, es que no está acostumbrado a emborracharse. ¡Menuda suerte! Bueno, tampoco seas tan melindrosa. Los chicos crecen y se hacen adultos, y todo esto forma parte de ese proceso. Así ha sucedido desde siempre. En fin, hay una cosa que sí le reprocho: lo de la colcha es una marranada. ¡Podía haber tenido un poco de cuidado, el muy cerdo! Pero claro, que lo limpie mamá. Es lo más natural del mundo. Además, si se lo cuento a su padre, ni siquiera es seguro que le ajuste las cuentas al muchacho. Lo mismo se echa a reír a carcajadas y me dice: «Es normal, mujer. ¿No ves que se ha convertido en un hombre?» Y quizás acabaran los dos yéndose juntos a echar un trago. Siempre nos dejan a las mujeres todo el trabajo...

En fin, nunca antes había ocurrido una cosa semejante. Reconozco que ha sido la primera vez. Seguro que Berni no lo toma por costumbre...

Ahora lo primero es llenar su vacío estómago con algo sólido...

17

—¡Eh, Bernhard! ¡Tráenos otra ronda!

—¡Ven aquí!

—¡Berni! ¡Tres cortos, tres claras, una salchicha con mostaza, una limonada y un paquete de Stuyvesant! ¡Chico, te estás comportando como un auténtico profesional!

—El sitio más agradable está ante el mostrador.

—¿Qué pasa con nuestras cervezas? ¡Estamos sedientos!

—¡La sed es peor que la nostalgia!

—Oiga, jovencito, ¿se ha olvidado usted de nosotros?

—No, pero no puedo multiplicarme...

—¡Vaya bronca hay hoy aquí!

Por encima de los gritos, de las canciones entonadas con voces enronquecidas y del barullo de las conversaciones se alza el humo del tabaco, arqueándose como una campana. Por debajo de la chaquetilla blanca, Bernhard lleva la camisa pegada al cuerpo. En comparación con el trabajo de ese día, una carrera de maratón debe ser un descanso. Pero le gusta. Aún no se ha enfadado nadie. Por lo menos en serio. La gente parece tener más prisa por beber a cada segundo que pasa.

—¡Eh, Berni! Tráeme una cerveza. Y tómate tú otra si quieres.

—No tengo tiempo ahora. Luego me la beberé. La cargo en tu cuenta.

—¡Naturalmente! ¡Salud, Berni!

—Ya no hay cerveza en Hawai, ya no hay cerveza…

—No voy por eso a Hawai, prefiero quedarme aquí…

Vatti sonríe satisfecho.

—Lo estás haciendo de primera, Berni. ¿Cansado? Descansa un ratito, si quieres.

—No, no, estoy bien.

Una ojeada al reloj. Las nueve de la noche. Ya son doce agotadoras horas. Bernhard apenas ha tenido tiempo de sentarse, excepto durante la comida. Vatti no ha escatimado nada: un filete descomunal con una montaña de cebollas. Es uno de los platos de la carta: 8,50 marcos.

—¡Berni, nos morimos de sed!

—Aguantaremos hasta que amanezca y cantaremos…

«¿Hasta que amanezca? ¡Ojalá cerremos, lo más tarde, a las dos o las tres de la madrugada!», piensa Berni. De repente nota que sus pies están a punto de hacer estallar los zapatos, como si los hubiera comprado dos números menos que el suyo. Bajo la pesada bandeja sus dedos parecen salchichas de puro hinchados. Sin embargo, el bolsillo derecho de su chaqueta cada vez pesa más, y el izquierdo también. Bernhard los va llenando con las propinas, que en ocasiones, si los gritos no le acosan, se entretiene en contar. Está reuniendo una bonita cantidad. A medida que avanza la noche, los clientes se van volviendo más espléndidos.

—¡Oye, Berni! Ven un momento, por favor. En mi cuenta hay un error: has apuntado tres rayas de más. ¡Seguro!

—No; primero te he servido tres, luego otras tres, a continuación cuatro, y por último tres. Eso hace trece rayas. Justo las que te he apuntado.

—Pues yo he contado... ¡Diez cervezas, ni una más! No me vais a timar...

En ese momento interviene el vecino:

—¡Cállate, Micki! ¡No digas más disparates! Naturalmente que han sido trece. Te olvidas de las tres con que has invitado a las chicas de enfrente.

—Tienes razón. Perdona, Berni. Toma, ahí va un marco. Bebe algo a mi salud.

Un marco al bolsillo izquierdo.

—Alegre y libre vive el cazador,
alegre y libre, alegre y libre,
y con él toda la caza...

Una bandeja descomunal. Hay que descargar con cuidado los vasos vacíos. Vatti ya no da abasto con la espita. Un pequeño descanso. Un traguito de cola. «La bebida, gratis», le había dicho el dueño. Bernhard, sin embargo, apenas ha bebido. Por falta de tiempo.

Los músicos se preparan de nuevo, y al instante todos los clientes de la cervecería afirman ser cazadores libres. Después se sientan delante sobre el coche amarillo. Lo bueno es que el que canta no grita pidiendo cerveza. Pero los músicos conocen su oficio y saben cómo estimular la venta. Si el cantinero queda satisfecho, volverá a contratar a la orquesta para la próxima fiesta.

—¡Otra cerveza al coleto, otra cerveza al coleto, y me desplomaré! ¡Yupiiii...!

Las once.

¡Ojalá acabe pronto la jornada!

—¡Berni, ven aquí, muchacho! Escucha, Berni, los demás pueden decir misa; yo siempre lo dije: «Berni es un tío legal.» Eso dije, sí señor. «Un chico estupendo. Un día de éstos encontrará su camino...» ¿Tengo o no tengo razón? ¡Desde luego manejas de primera el cotarro! Yo no lo haría mejor.

Seguro que no. Ven, bebamos juntos una cerveza. A tu cuenta, ¿vale? A la chita callando, te estás forrando. Cómo timas a los clientes... No, no, no lo digo con ánimo de ofenderte. Yo sé de sobra cómo. A medida que avanza la noche, ellos van perdiendo la cuenta de las cervezas que les sirves, y ya ni siquiera son capaces de contar las rayas porque lo ven todo doble... ¿Cómo? ¿Que no lo haces? ¿De modo que eres un honrado muchacho alemán? ¿Honrado, fiel y estúpido? ¡Vaya! ¡Bebamos para celebrarlo! Esta vez invito yo... Hoy en día es muy raro encontrar muchachos alemanes fieles y tontos. Berni, eres un mirlo blanco, ¿lo entiendes?

«Si este imbécil me soltara al menos la chaqueta...», piensa Berni. «El Schorse tenía que ser... Saliva en las comisuras de los labios y ojos a punto de salírsele de las órbitas. Con lo que él se bebe al mes podría vivir una familia numerosa...»

—De verdad, Berni. ¡Qué bien lo estás haciendo! Por el contrario, mi hijo, Lothar, sería incapaz de trabajar como tú. Si tuviera que apechugar con lo que tú, se caería a pedazos. Por cierto, no habrás visto a Lothar... Por algún lado debe de andar. Si le ves, dile que no se le ocurra ponerse ante mi vista si ha bebido demasiado. ¡Emborracharse no conduce a nada!

—Por favor, ¿le importaría soltarme la chaqueta? La gente de aquella mesa desea que les sirva.

—¡Ve con Dios, hijo! ¡Ve con Dios, pero ve y vende cerveza! Eres un chico estupendo. Me vendría bien en mi empresa alguien como tú. En un negocio como el mío, siempre hay sitio para un chico de valía. Déjate caer por allí algún día y hablaremos, ¿de acuerdo?

Schorse es dueño de una de esas tiendas de repuestos para automóviles en la ciudad. No debe irle nada mal... Si no, ¿de dónde sale el montón de dinero que derrocha aquí noche tras noche?

—Vamos a bailar el vals de la nieve… nieve… nieve… Yo contigo… tú conmigo…

¡El vals de la nieve a medianoche!

Hartwig sigue sentado solo en la mesa del rincón, con la botella de vino ante él. La primera. La pidió a las nueve y aún está medio llena. Hartwig no baila. No puede, está impedido. No así sus ojos, que recorren una y otra vez la sala. En cierta medida sus ojos son como un vídeo. Mañana aún recordará quién bailó con quién mejilla con mejilla, quién se dio el lote con quién, y quién estuvo con quién fuera más tiempo de lo normal. Sin embargo, no lo dirá claramente. Se limitará a dejar caer una ligera insinuación. De ese modo, todo parece peor y más sucio de lo que en realidad es. Su *hobby* es ése: esparcir veneno a diestro y siniestro como si fuera un cazador de ratones.

Conforme avanza la noche las mujeres intentan convencer a sus maridos de que es hora de regresar a casa. En la mesa de los Gerster, sin embargo, ocurre justo lo contrario: es Hermann Gerster quien explica a su Trude que hay que marcharse. Trude se niega. Con el rostro violáceo y achispado, la mujer intenta una y otra vez sentar en sus rodillas al joven Thorsten, el hijo soltero del carnicero Gubelt.

—Venga, Trude, mañana será otro día…

—Berni… Otra cerveza pequeña, un cortito…

—¿Hay café?

—No.

—¡Champán! ¡Tres botellas de champán! ¡Vamos, Berni, haz saltar los corchos! ¡Pago yo!

Es el día social de Schorse, que invita en el acto a los de la mesa contigua. Debe hacerlo. Así no verá a su Lothar, a quien llevan a casa entre tres porque está tan beodo que es incapaz de mantenerse en pie.

—¿Viene ese champán o qué? ¡Vamos, vaquita mía, bebe conmigo!

Su mujer se ruboriza al oírse llamar «vaquita» delante de todo el mundo.

Las cuatro de la madrugada.

Se han levantado los últimos clientes y empiezan a salir. De seis en seis, bien juntitos y cogidos por los hombros en un abrazo fraternal. Pero forman un frente demasiado ancho para cruzar la puerta todos al mismo tiempo. Vacilan unos momentos. No parecen ponerse de acuerdo sobre qué extremo de la serpiente ha de salir primero.

Schorse se ha olvidado el sombrero en el perchero. Bernhard corre con él en la mano hacia la puerta.

—Señor Borbeck, ¡su sombrero!

—Gracias, Berni, eres un tesoro. ¿A qué diablos viene eso de Borbeck? Yo soy Schorse, ¿está claro?

La serpiente ya ha reptado hacia el exterior. Vatti cierra la puerta tan deprisa que está a punto de golpear con ella en los riñones al último cliente.

Aún se perciben los cánticos en la calle.

—¿Te vas a tu casa o prefieres dormir aquí? Si te quedas, arreglaremos cuentas mañana.

—Me quedo.

—Está bien. Ha sido un día duro, ¿verdad?

Bernhard ya no responde. Ha cometido el error de sentarse y en cuanto se acomoda en la silla se queda dormido como un tronco.

18

¡El día había constituido todo un éxito! Ciento sesenta y un marcos y un recuerdo, una idea fija que se le había quedado grabada a fuego en el cerebro y no se le iba de la cabeza.

Schorse Borbeck le había dicho: «Me vendría bien en mi empresa alguien como tú... Déjate caer por allí algún día y hablaremos, ¿de acuerdo?»

El joven de la tienda debía tener una pierna ortopédica o una rodilla rígida, y le miró como si estuviera pidiendo un imposible.

—¿Así que desea usted hablar con el señor Borbeck?

—En efecto.

—Está muy ocupado.

—Esperaré.

—Si le parece, voy a preguntarle si puede recibirle.

—Sí, por favor.

—¿Cómo se llama?

—Bernhard Willnow.

—Vuelvo enseguida.

Regresó al poco rato.

—El señor Borbeck dice que entre —explicó con un timbre de asombro—. Pase por aquí y después, la segunda puerta a la izquierda.

Bernhard se detuvo ante la puerta, respiró hondo y llamó con los nudillos.

—¡Adelante!

—¡Buenos días, Schorse!

Borbeck frunció el ceño.

—¿Quería usted verme, Bernhard?

—Sí, a propósito de lo que me dijiste anteanoche de que no te vendría mal en tu empresa alguien como yo y que me pasase...

—¿Le dije eso?

—Sí, Schorse. Anteanoche o ayer al amanecer, como lo prefieras, durante el baile de cazadores. Dijiste exactamente...

Borbeck le cortó con un gesto.

—Sí, sí, está bien. Me acuerdo. No bromeaba cuando lo dije. Por eso he estado meditando esta mañana sobre el asunto. Me he devanado los sesos, y por desgracia es imposible. Olvide usted el asunto, Bernhard.

—Pero si tú...

—Hágame el favor de atender, ¿conforme? ¿A dónde iríamos a parar si nos tomáramos en serio todo lo que se dice en una fiesta de cazadores? Uno habla demasiado cuando la noche se alarga. Sin embargo, las cosas no se dicen en serio.

—Pues tú dijiste...

—Le voy a poner un ejemplo: quizás también le dije a usted que podía llamarme Schorse y tutearme. Y no mentía. Podía hacerlo anteanoche o ayer al amanecer en el baile de cazadores. Pero dos días después no puede usted aparecer por aquí con la cabeza despejada y darme palmaditas en los hombros. Y menos si se viene buscando trabajo. ¿Cree usted acaso que permito a mis aprendices llamarme Schorse?

—No, nada de eso. ¿Quieres decir entonces..., eh, perdón, quiere usted decirme que me admite como aprendiz, señor Borbeck?

—No, en absoluto. No tengo plazas de aprendiz ni ahora ni en el futuro. Lo siento de veras, pero no puedo dar lo que no tengo. No necesito aprendices aquí. Hombre, si fueras un mecánico de automóviles cualificado y competente y entendieras algo de repuestos, quizás pudiera hacerte un hueco en el almacén... Pero en tus circunstancias... ¿De qué me servirías?

—Se lo decía porque como usted me...

—Sí, hombre, sí, lo entiendo. Perdóname. Son cosas que se dicen. Lo siento. Y ahora si me disculpas...

Bernhard se dio la vuelta y salió, pero antes de cerrar la puerta se le ocurrió algo y entró de nuevo en la oficina.

—Por lo demás —dijo—, lo mejor será que

ambos mantengamos el tratamiento de usted, ¿no le parece?

—¡Piérdete, piojoso! —le gritó Borbeck con un gesto del pulgar.

Sin embargo, por el tono de su voz, más que enfurecido parecía regocijado.

19

Desde que se sintió engañado por Pit, Bernhard ya no se reunió más con los otros en la piscina. Tampoco volvió a emborracharse en la cervecería de Vatti. Pasaba en casa la mayor parte del tiempo, ayudando sin rechistar en las labores del hogar o en el jardín en cuanto su madre se lo pedía, o en ocasiones por propia voluntad. Por lo demás, la mayor parte del día la dedicaba a oír las listas de éxitos de las distintas emisoras de radio. La televisión recuperó en él a un espectador fiel, pues en los dos últimos años —demasiado mayor para los programas infantiles y atraído por muy pocos de los programas de adultos— había visto a lo sumo unas cuantas películas policiacas o del oeste y —con más regularidad— los espacios deportivos. Ahora seguían sin gustarle la mayoría de los programas, aunque la televisión le ofrecía una forma muy aceptable de matar el tiempo, por lo que resultaba tremendamente útil a gente como él, que disponía de todo el tiempo del mundo.

A veces, mientras veía la televisión, Bernhard se entregaba a ensoñaciones. No le ocurría en programas presentados por jóvenes estrellas, ni en los *western* duros protagonizados por héroes, ni en los espectáculos deportivos con esas hazañas musculares estupendamente pagadas. No. Las fantasías nacían en un momento imprevisible y no estaban vinculadas a ningún programa en especial. A veces surgían en emisiones que a primera vista ofrecían escasos motivos para soñar. Robert Lembke, por ejemplo, no es precisamente un hacedor de sueños.

No obstante, cuando en el programa «¿Qué es usted?» se despedían con las carteras repletas un mecánico dentista, una pulidora de lentes y un fabricante de ficheros, podía suceder que Bernhard ya no viera al protagonista que hacía que el equipo adivinador se pusiera las máscaras y que se soñara a sí mismo ocupando su lugar.

Robert Lembke recibía de manos de su ayudante un montón de contratos de aprendizaje que ella colocaba junto a su sitio, indicaba con un gesto a Bernhard que tomara asiento y mantuviera la boca cerrada y a continuación decía:

—Creo que le tocaba a Hans.

Hans Sachs:

—¿Es usted de sexo femenino?

—¡No! —respondía categórico Robert Lembke tras lanzar una mirada escrutadora a Berni al tiempo que le entregaba el primer contrato de aprendizaje.

Annette:

—Masculino, por tanto. ¿Es usted un artista?

Robert Lembke, traduciendo el enérgico movimiento de cabeza de Berni:

—¡No!

Guido, el zorro:

—¿Político, entonces?

—No, tampoco. Hoy no estáis en forma.

El equipo adivinador sonreía abochornado, mientras Bernhard amontonaba el tercer contrato. Anneliese carraspeó y preguntó:

—Supongo que es usted una persona muy poco corriente, una pieza única, si se me permite la comparación. ¿Estoy en lo cierto?

—No.

Esta negativa casi compasiva suponía el cuarto contrato.

—Por consiguiente, lo que usted es abunda…

El fiscal jefe, como se ve, se esforzaba por ganarse con todo merecimiento el sobresueldo.

—¿Lleva usted uniforme en el ejercicio de su actividad?

—No.

Annette:

—¿Diría usted que su actividad es útil? Le plantearé la pregunta de otra forma: ¿presta usted con ella un servicio, bien a la comunidad, bien a personas individuales?

—No.

Guido:

—¿Podría ejercer yo su actividad?

—No.

Contrato número siete.

Anneliese:

—¿Ha necesitado usted una formación específica para ejercer su actividad?

—No.

Hans Sachs:

—Su actividad, ¿le alegra a usted o a otras personas?

—No.

Annette:

—Disgusto, por consiguiente. ¿Es usted…? No. Sólo nos queda una pregunta, así que tengo que lanzar un tiro al azar. ¿Es usted un enterrador descontento con su oficio?

Risas en la sala.

—No.

Robert Lembke, tras entregar a Bernhard el décimo contrato de formación:

—Lo siento. No habéis dado con la senda acertada. Os habéis desviado muchísimo. Y yo que creía que os resultaría muy fácil. Tenemos con nosotros a un joven...

Las señoras se quitaban sus máscaras con sumo cuidado para no estropearse el peinado; Guido sonreía con aire pícaro y Hans Sachs con cierto embarazo.

—... Decía que tenemos con nosotros a un joven que no desempeña ninguna actividad, a no ser que consideremos una actividad la espera de una actividad. Se trata de un ex-colegial que no ha encontrado hasta el momento plaza de aprendiz...

—¿Cómo que no puedo yo ejercer esa actividad? —objetó Guido—. Si soy un experto en no hacer nada...

—Tú tienes una profesión, Guido. En consecuencia, no puedes desempeñar la actividad de un hombre que está a la espera de su primera oportunidad profesional.

Aplausos en la sala, y mirada paternal de Lembke dirigida a la cámara.

—Señoras y señores: hoy hemos contado con la presencia de un huésped de honor extraordinario, y digo extraordinario porque confiamos en que alguno de nuestros espectadores se detenga a pensar si no le falta en su empresa un aprendiz... Nos alegraría sobremanera que dentro de algún tiempo nuestro joven amigo, a la pregunta «¿Qué es usted?», no se viera en la obligación de responder: «Nada.»

Un minuto más tarde llegó la primera llamada. Procedía de una señora de Viena que afirmaba haber visto a Bernhard la tarde del día anterior en la vienesa calle de Mariahilfer, y que en el acto le había parecido sospechoso. A duras penas consiguieron convencer a la dama de que el programa recién emitido no guardaba relación alguna con el «Caso XY aún no resuelto».

Cuando Bernhard se entregaba a estas ensoñaciones ante el televisor, sus fantasías siempre finalizaban del modo más inesperado y sorprendente. Jamás se le ocurría un final feliz. Lógico: para eso se precisaba una buena dosis de esperanza.

20

Aunque las fantasías de Bernhard centradas en los contratos de aprendizaje para elegir y en las llamadas de innumerables personas altruistas no se cumplieron, él no podía afirmar en modo alguno que la opinión pública no estuviera dispuesta a analizar su destino y el de sus compañeros de infortunio.

No había día en que una emisora de radio o televisión, una revista o un periódico no se ocupasen del problema de los parados jóvenes, y la abundante variedad de artículos y emisiones corría pareja con la diversidad de opiniones referidas al tema.

Exponer con detalle todas estas opiniones, hipótesis y recelos nos apartaría demasiado de nuestros propósitos, pero quizá nos resulte provechoso citar algunas de ellas. Esta muestra, elegida al azar, podría ampliarse a voluntad, pero creemos que basta esta escueta selección para proporcionar una visión de conjunto.

Helas aquí:

Walter K., concejal del CDU: «El miserable número de plazas que la República Federal dedica a la formación profesional de aprendices, es una prueba más de la incapacidad del Gobierno para enderezar el torcido rumbo de nuestra economía. No se puede construir una política económica eficaz con medidas destinadas al fracaso ya desde sus inicios, o con sortilegios. El Canciller, que se jacta de ser un experto en el tema, ha fracasado en este ámbito al igual que en muchos otros. Si se quiere solucionar el problema de los estudiantes que han finalizado su etapa escolar y no encuentran plazas de formación profesional, a este Gobierno no le queda más que una salida: ¡la dimisión!»

Volker F., estudiante miembro de las Juventudes Socialistas: «El miserable número de plazas de aprendices en la República Federal constituye una prueba contundente de que en nuestro sistema capitalista los empresarios, en su afán de conseguir mayores beneficios, no están dispuestos a dar empleo a los que han finalizado sus estudios en la escuela. No faltan plazas de aprendices, sino voluntad para cubrir las ya existentes, debido a dos motivos. Por un lado, la comunidad internacional vive momentos de recesión económica. La mayoría de las empresas no trabaja al máximo de su capacidad. Por eso es posible en la actualidad prescindir de los aprendices que en el pasado se necesitaron como fuerza de trabajo barata. El segundo motivo es mucho más importante: determinados círculos de nuestros industriales intentan atizar el descontento de la población con el actual Gobierno. La escasez de plazas de aprendizaje genera descontento, y los descontentos tienden a propiciar transformaciones en el Gobierno, al que acusan de todos sus males. Ya veremos cómo el paro juvenil, alimentado y dosificado por los empresarios, se mantiene hasta las próximas elecciones al Parlamento. Si los democristianos del CDU obtuvieran entonces la mayoría, los empresarios habrían alcanzado su objetivo y de repente volverían a ofertar plazas de formación profesional. En la actualidad los jóvenes son víctimas de una conjura a largo plazo de los explotadores capitalistas y del CDU/CSU contra la coalición socialdemócrata-liberal.»

Wolfgang W., padre de un muchacho que, tras finalizar la etapa escolar, no ha encontrado plaza de aprendiz: «El propio presidente de la Confederación de Empresarios lo ha expresado con palabras tajantes y descaradas: "Si el Gobierno renuncia a aumentar la presión impositiva a los empresarios y a imponerles el modo de formar a sus aprendices, en ese mismo momento los empresarios ofertarán 100.000 plazas de formación profesional." ¡Yo a eso lo llamo chantaje! Si lo hiciéramos uno de nosotros, acabaríamos entre rejas. Pero, claro, en cuanto se trata de los poderosos, se les permite todo, mientras el hombre de la calle pasa por tonto. Así fue en el pasado, así es en el presente y así seguirá siendo en el futuro.»

Hans Sch., empresario: «El que afirme que nosotros, los empresarios, no ofertamos plazas de formación profesional para crearle dificultades al Gobierno, desconoce por completo nuestro método de trabajo. La eterna preocupación del empresario es cómo organizar su empresa para que sea rentable y produzca beneficios. Debe hacerlo así si pretende mantener sana su empresa. Si los empresarios necesitan aprendices y les ofrecen un empleo para que aprendan practicando, lo harán sin considerar la ideología del Gobierno que tenga el poder en Bonn en ese momento. Cuando los aprendices se convierten en una carga, injustificable a la vista del estado general de la economía o de la situación específica y particular de una empresa, entonces tampoco se les proporciona trabajo, actuación que tampoco tienen en cuenta las eventuales mayorías gobernantes de Bonn. Cualquier otra consideración resultaría risible.»

Marie G., ama de casa: «Yo siempre repito lo mismo: el que quiere trabajar, trabaja. Cuando oigo a alguien decir que no encuentra trabajo, enseguida pienso: "Ése es uno de los que no les gusta mancharse las manos." Todo eso es consecuencia de que a los jóvenes se les da todo en bandeja y no se les exige nada.»

Gottfried G., funcionario en excedencia: «Hablar en la República Federal Alemana de paro juvenil, o de paro en abstracto, es pura y simplemente ridículo. En las Oficinas de Empleo las cifras de parados registradas ascienden a 1.000.000 escaso. Por otro lado, hay en nuestro país 2.000.000 de trabajadores extranjeros. Quiere esto decir no que tengamos 1.000.000 de parados, sino que necesitamos 1.000.000 de trabajadores. Así considerado, el problema se resolvería con un sencillo acto administrativo: decretar la expulsión de los extranjeros que trabajan y viven en Alemania en un plazo de dos meses. Si así se hiciera, pasaríamos de tener parados a necesitar mano de obra. Al Gobierno le falta valor para adoptar medidas radicales que atajen el problema. No voy a extenderme más en mencionar otros remedios, aunque desde luego el tratamiento de guante blanco de nuestra mentada democracia parlamentaria no nos ayudará a salir de las dificultades actuales.»

August B., camionero: «¿Me pide usted una solución? Ni que yo fuera el Gobierno en pleno... Sin embargo, yo sí sabría cómo actuar. Meter en cintura a todos los jóvenes en paro, darles una pala, cortarles el pelo para que no les impida la visión y ponerlos a trabajar: autopistas, carreteras, construcción de viviendas sociales. ¡Sí señor, dedicarlos a un servicio de trabajo social! Nada de voluntario, sino tan obligatorio como el militar. Esto borraría de un plumazo a todos los parados de la calle y al mismo tiempo contribuiría a frenar la criminalidad. En cuanto anochece, uno ya no se atreve a cruzar un parque, sobre todo si se es mujer.»

Wolfram F., profesor de EGB: «Los más afectados son los chicos y chicas que salen de las escuelas estatales o especiales, es decir, las capas sociales más desfavorecidas. Pero este fenómeno nos demuestra además otra cosa. Hoy existe un trasvase tal de niños del bachillerato o de los distintos cursos de orientación a los estudios posteriores, que en las escuelas queda únicamente un sedimento que por sus aptitudes y preparación ya no es capaz de hacer frente a las exigencias de la mayor parte de las profesiones. ¡El actual paro juvenil es la consecuencia de una política cultural errónea!»

Dietmar S., universitario: «Caminamos hacia la igualdad social. El numerus clausus afecta ya no sólo a los universitarios sino también a los estudiantes de formación profesional. Este hecho constituye un claro llamamiento a la solidaridad.»

Peter W., recién salido de la escuela: «No acabo de entender tal sarta de tonterías. Yo quiero una plaza de aprendiz. Nada más.»

Dr. Gideon Z., asesor ministerial: «Por lamentable que sea para los afectados la situación actual, no hay motivos para dejarse llevar por el pánico. Han coincidido dos fenómenos: la recesión económica y unos años especialmente duros que han restringido el mercado de trabajo. El problema se resolverá por sí mismo con la reactivación de la economía, de la que se perciben ya síntomas evidentes, y con la disminución de las cifras absolutas de las promociones de escolares debida a una inflexión de la natalidad consecutiva al uso de la píldora. Vivimos un período duro pero pasajero, que hemos de superar todos juntos. Bien es verdad que ignoramos aún si los jóvenes que este año se han quedado sin plaza de aprendiz lograrán encontrarla el próximo. No olvidemos tampoco que otro nuevo curso viene empujando y exigiendo formación profesional, que se añadirá a los jóvenes del presente año, lo que sin duda provocará ciertas fricciones. Permítasenos insistir una vez más en que el Instituto

Federal de Empleo, a través de sus delegaciones y oficinas, hace todo lo posible para ofrecer a los adolescentes afectados ayudas adecuadas para encontrar un empleo y para prepararse profesionalmente.»

Gert K., maestro de formación en una empresa mediana: «Bueno, para ser sincero he de reconocer una cosa. Antes íbamos de problema en problema con los aprendices o alumnos de formación profesional, como ahora se llaman, aunque yo prefiero la antigua denominación. A lo que iba: los aprendices protestaban de lo lindo, y cuando se cerraban en banda, cosa habitual, el maestro nada podía hacer. Nada. Ellos tenían la sartén por el mango. Bastaba con mirar mal a uno de ellos para que se te tirara al cuello su representante, o bien se declaraban en huelga o se echaban enseguida a la calle con pancartas. Ser maestro de formación profesional no era desde luego una perita en dulce y no había disputas por la plaza. Hacían falta nervios de acero, se lo aseguro, tan levantiscos eran. ¿Y hoy? No voy a decir que esto es el paraíso, no. Pero, al contrario que en el pasado, esto es una balsa de aceite. Hoy, cuando uno de esos chicos consigue una plaza de aprendiz, se alegra y se cuida muy mucho de jugársela por una tontería. Desde que los muchachos se han dado cuenta de lo mal que están las cosas para ellos, se han achicado mucho. Hasta el tamaño de un pulgar con sombrero, se lo aseguro. En cuanto oigo la más mínima protesta, para que se callen no tengo más que mencionar de pasada —no en ese momento, se comprende, sino un rato después— que tras los exámenes la empresa sólo conservará a la mitad de los aprendices. No malinterprete usted mis palabras. A mí me parece mal que se queden tantos sin plaza, aunque por otro lado, a partir de ese momento la vida es sin duda más fácil para nosotros. Los revolucionarios han perdido los dientes. Por eso ahora aprenden más que antes. ¿Cómo iban a aprender si no paraban de protestar…?»

Bruno B., maestro artesano: «Pienso yo que si todos ponemos un poco de nuestra parte, el problema se solucionará. Mi empresa es pequeña, pero este año he contratado a un aprendiz más que en años anteriores. Si otros 100.000 maestros artesanos hicieran lo mismo, eliminaríamos el problema y todos habríamos salido ganando.»

Bernhard Willnow, afectado: «Si todos desean solucionarlo, ¿por qué no lo consiguen?»

21

—Muchacho, lo que has aprendido, ya no te lo quita nadie. Si te han ofrecido eso, no lo dudes, aprovecha la oportunidad…

Willnow padre trataba de convencer a su hijo, pero éste no daba su brazo a torcer.

—Me he informado. ¿Qué voy a hacer allí? Se trata de un curso para idiotas. ¿Qué van a enseñarme? A manejar la lima, algo de cuentas y nada más. No, de verdad, no me interesa lo más mínimo. Encima, si me apunto, luego no pasaré de peón.

—De todas maneras, siempre será mejor estudiar, aunque sea poco, que pasarse el día haciendo el gandul…

—Intentaré ganar algo de dinero. Como hace unos días con Vatti. Eso estuvo bien. Es preferible ganar unos marcos a regresar a medias a la escuela.

—¿Por qué no has preguntado si podías asistir a otro curso más en la escuela?

—Lo he preguntado, pero es inútil. Ese curso adicional no se estudia en todas las escuelas, y de la nuestra únicamente podían ir los mejores, entre los que no me cuento, de modo que no tengo ninguna posibilidad.

El padre meneó la cabeza.

—Chico, sólo quiero decirte lo estrictamente necesario; al fin y al cabo se trata de tu vida, no de la mía, y si ahora te obligo a seguir un determinado camino, dentro de un par de años sin ir más lejos resultaría que yo me había equivocado, que las cosas habrían ido mucho mejor si yo no hubiera intervenido. Creo que debes hacer lo que tú quieras, pero yo no puedo evitar preocuparme. ¿Lo entiendes?

—¿Preocuparte? ¿Por qué?

—Bueno, la gente suele decir, por ejemplo, que a los jóvenes, cuando no tienen nada que hacer, se les llena la cabeza de ideas locas. Y no digamos nada de la delincuencia juvenil; de día en día aumenta, a juzgar por lo que uno oye y lee, ¿no te parece?

—¿Temes que me dedique a robar por ahí?

—No, Berni, claro que no. Tú, no... Pero si andas siempre con compañeros que no tienen dinero ni nada que hacer... Basta con que se te ocurra una de esas ideas locas para verte hundido hasta el cuello sin habértelo propuesto. Métetelo en la cabeza, Berni. Esto no tiene nada que ver con la confianza, y lo sabes. Yo sé que no eres un golfo. Pero los otros, los que cometen alguna que otra tontería, primero insignificante y luego un poco más atrevida, creo yo que tampoco son unos golfos. Seguro que cuando están con sus padres también les dicen: «¿Temes que me dedique a robar por ahí?», y sus padres les responden lo mismo que yo. Hasta que un buen día salta la sorpresa. Y, claro, las cosas no son nada fáciles cuando cada vez puedes permitirte menos lujos que los demás y encima dispones de todo el tiempo del mundo y no sabes cómo emplearlo, ¿no te parece?

—Se diría que los justificas aun en el caso de que se dediquen alguna vez al robo.

—En absoluto. Nada más lejos de mi ánimo. Lo único que pretendo decirte es que entiendo cómo se llega a eso.

—Es lo mismo.

—¿Lo mismo? Estás muy equivocado. Entiendo que un hombre mate a otro que le chantajea o algo por el estilo, pero eso no implica que lo justifique. La diferencia es abismal, reconócelo.

—Sí, de acuerdo... Pero estamos hablando de robo y de chantaje y de asesinato y de homicidio... Yo no robo, ni me chantajean, ni he matado a nadie, así que ¿a qué viene todo esto?

—Lo que pretendo decirte es que debías acudir a la Oficina de Empleo y apuntarte a los cursos que han organizado. Tampoco es tan malo... Además algo aprenderás, algo que quizás te venga bien en el futuro.

—No pienso ir. O me dedico a aprender una profesión en serio o no aprenderé nada. Esos cursillos de iniciación no son para mí. Perdería el tiempo. Prefiero gastar mis energías en buscar trabajo. Vatti me dijo que cuando necesitara mis servicios, me avisaría.

—En fin, ¡ya eres mayorcito para saber lo que haces!

—Tú lo has dicho.

22

Cuando Bernhard se decidió a presentarse en la piscina, ya no encontró el campamento de toallas. El círculo se había disuelto. Algunos habían conseguido una plaza de aprendiz o un trabajo; otros se habían cansado de los eternos baños de sol y los restantes habían reñido, o por lo menos había dejado de parecerles agradable conversar día tras día de los mismos temas y con las mismas personas.

Al ver a Klaus tumbado en su sitio habitual, Bernhard se tendió a su lado.

—Ya me enteré de lo de Pit —dijo Klaus—. Es una guarrada inconcebible, pero ¿qué vas a hacer? Cuando a uno le van mal las cosas, no se anda con remilgos, ni se detiene a pensar si lo que hace está bien o mal. Lo importante es que las cuentas cuadren, y a juzgar por lo que gasta Pit los fines de semana, no parece que le paguen precisamente mal...

—Su comportamiento no deja de ser por eso indecente y sucio...

—¿Por qué no le sacudiste un par de viajes en el morro?

—¿Crees que así hubiera conseguido la plaza?

—No, ¡qué va!, pero debe ser una sensación maravillosa.

—Él es tan fuerte como yo, y a lo mejor también a él le gustaba esa sensación.

Permanecieron unos instantes inmóviles y silenciosos bajo el sol.

—¿A qué te dedicas fuera de aquí? —preguntó al rato Bernhard.

—¡Oh! He conocido a un tipo. En cierta ocasión nos abordó aquí y desde entonces hemos mantenido una relación aceptable. Busca gente como nosotros, quiero decir sin plaza de aprendiz. Dijo que deseaba discutir con nosotros nuestra situación.

—¿Qué vais a ganar con eso?

—Eso mismo preguntaron los demás. Todos piensan que conocemos de sobra nuestra situación y que, por mucho que hablemos de ella, no mejorará. Nosotros no deseamos más que tener un trabajo o disfrutar de tranquilidad. El tipo opinaba, sin embargo, que la culpa de que la situación no mejore la tenemos nosotros por pensar así. Dijo que éramos un hatajo de frustrados, una banda de gallinas estúpidas que ofrecían voluntariamente su cuello a la cuchilla. En ese momento casi todos los demás se enfadaron con él y lo mandaron a freír espárragos. Yo, en el fondo, pensaba que el tipo decía verdades como puños. A veces sus palabras no resultaban muy inteligibles porque utilizaba vocablos extranjeros, pero por lo demás nada tenía que reprocharle. Hablé entonces con él un ratito y ahora nos reunimos a veces en su casa.

—¿Quiénes?

—Él, yo y cuatro o cinco más, entre ellos dos chicas.

—¿Y qué hacéis?

—Instruirnos. Discutimos y el tipo nos explica lo que no entendemos. Se llama Rolf y es estudiante. Al principio no paraba de explicarnos cosas. De vez en cuando se detenía y preguntaba: «¿Lo habéis entendido?» Nosotros asentíamos en silencio, pero no era cierto. Hasta que yo le dije un día: «Oye, Rolf, si deseas explicarnos algo, utiliza palabras sencillas que todos entendamos. Si sigues hablando como hasta ahora seguiremos sin enterarnos de nada.» Desde entonces la verdad es que se esfuerza. «Cada vez que oigáis una palabra que no conozcáis, silbad fuerte metiéndoos los dedos en la boca», nos dijo. Tenías que haber estado allí las tardes posteriores. Sonaba tal cantidad de silbidos que aquello parecía la zona de maniobras de la estación.

—¿Ahora ya no?

—No, ya casi nadie silba.

—De modo que os habéis acostumbrado a manejar bien el alemán, ¿no?

—Desde luego, pero además hemos aprendido la mayor parte de las palabras extranjeras que él utiliza. Él nos las ha explicado y ya las entendemos.

—¿Se trata entonces de una especie de colegio?

Bernhard parecía haber preguntado más por cortesía que por interés.

—Es un lugar de instrucción, no un colegio. Aprendemos sólo las cosas que nos interesan y nos afectan directamente, ¿comprendes?

—Dicho así, no parece muy apasionante...

—Pues a veces resulta muy bonito. Pásate, si quieres, y así lo comprobarás por ti mismo.

—No sé...

—Acércate sin el menor reparo. Hoy mismo por la tarde, si lo deseas. Si no te lo pasas bien con nosotros, no vuelves y en paz. No obligamos a nadie. Todo el mundo es libre de hacer lo que le venga en gana. Y si te gusta... ¡tanto mejor!

Bernhard esbozó una sonrisa socarrona.

—¿Son guapas al menos las dos chicas? En ese caso me lo pensaría.

—¡No están disponibles! —le contestó Klaus devolviéndole la sonrisa.

Pese a todo, Bernhard decidió acudir y enterarse de lo que se cocía allí. ¿Por qué no? Siempre sería mejor discutir en grupo que aburrirse solo.

23

Bernhard era el único primerizo en el círculo. Los demás se conocían de antes, pero ese hecho no le hizo sentirse extraño.

Por lo demás, «círculo» era la palabra exacta. En círculo se sentaban en el suelo de la habitación de Rolf. Bernhard y Klaus llegaron más tarde que los demás, que al verles entrar se echaron hacia atrás para ensanchar el círculo y dejarles sitio.

Rolf miró a Klaus con aire inquisitivo.

—¿Nos traes acaso una infracción de nuestra Constitución?

Klaus, que no comprendía lo que Rolf quería decir, se mostraba inseguro.

—¿A qué viene todo esto? —preguntó—. Éste es Bernhard Willnow, un viejo amigo mío y un tipo legal. Desea escuchar lo que aquí se dice, y si le gusta, quizás acuda con más frecuencia.

—Nada que oponer —aseguró Rolf—. Sólo deseaba averiguar si pertenece también a esa clase de gente del «quiero y no puedo...»

—Sí —respondió Bernhard.

—Ahí radica precisamente la infracción de nuestra Constitución —apuntó Rolf—. Vamos a tratar hoy ese tema, según habíamos convenido. Ya lo dice el artículo...

Se levantó, rebuscó un libro de bolsillo por el estante situado encima de su cama, y cuando lo encontró, se sentó de nuevo en el círculo.

—¡Sí, aquí está! —añadió tras hojearlo unos instantes—. El artículo 12 es claro y terminante al respecto: «Todos los alemanes tienen derecho a elegir libremente la profesión, el puesto de trabajo y los lugares de formación.»

Cerró el libro.

—Bueno, ¡elegid!

Rolf se lió un cigarrillo, y con un gesto ofreció el paquete y el papel a los demás, pero nadie aceptó su ofrecimiento.

—Tú lo que quieres es envenenarnos con esa porquería —dijo uno.

Silencio. Todos miraban expectantes a Rolf, pero a éste parecían habérsele acabado también las palabras.

—¡Dejémonos de tanta palabrería estúpida! —dijo al fin una de las chicas, que se apoyaba en uno de los chicos y bebía de su botella de cerveza—. Tú sólo puedes elegir en el caso de que haya algo que elegir. ¿Cómo vas a elegir libremente trabajo si no lo hay? Por tanto, eso que acabas de leer, Rolf, es una solemne tontería.

—¿La Constitución? Oye, chica, ¿no pretenderás mantener en serio que nuestra Constitución es una tontería, verdad?

Rolf parecía sinceramente horrorizado.

—No, en absoluto. Lo que has leído es en sí correcto. Es tu forma de exponerlo lo que constituye una tontería.

—A ver, explícate. Yo creo que si ahí dice literalmente que todos pueden elegir libremente, eso es un derecho. ¿Acaso alguno de vosotros puede elegir libremente su centro de formación? ¿No? ¡Ah, vamos...!

—Nada de ¡ah, vamos! Cuando abundan los puestos de trabajo, al individuo le asiste efectivamente el derecho a escoger uno en completa libertad. La Constitución tan sólo afirma: nadie puede obligarte a trabajar en un puesto determinado si tú prefieres otro. Si alguien lo intenta, te despides y te buscas otro trabajo con entera libertad, sin que nadie pueda objetarte nada.

—Eso tampoco es cierto —intervino el chico sobre cuyo hombro se apoyaba Angela—. Supongamos que en vez del servicio militar prefieres hacer una prestación social sustitutoria. Eso existe. Bien, en ese caso los militares pueden asignarte el puesto de trabajo, y tú no puedes negarte a ocuparlo.

—Se trata de una excepción, reconocida incluso por la Constitución. Siempre hay excepciones a la regla.

Rolf hizo una seña con la mano.

—En principio, Angela tiene razón. El derecho a la libre elección del puesto de trabajo significa ante todo una prohibición del trabajo forzado. Y para de contar. Sin embargo, en Hesse, por ejemplo, o en Westfalia-Norte Rin, la Constitución dice textualmente que toda persona tiene derecho al trabajo. La situación, en mi opinión, es un tanto diferente.

—Por supuesto —reconoció Klaus—. Si así fuera, podríamos argumentar: «Tengo derecho al trabajo, así que ¡venga!»

—¿Y si no te lo dan?

—Yo qué sé... Quizá fuera posible en ese caso reclamar ante los tribunales, o algo parecido. Cuando a uno se le reconoce un derecho, contemplado además en la ley escrita, el Estado debe velar para que ese derecho no se quede en papel mojado.

—¿Y cómo va a conseguir el Estado puestos de trabajo si no los hay? El Estado no puede, sin más ni más, empezar a formar por su cuenta a los aprendices.

—¿Por qué no? ¿No se ocupa al fin y al cabo de la enseñanza superior? Es el Estado el que la ha establecido y en ella los maestros son funcionarios, ¿o no?

—De acuerdo. Pero allí únicamente se aprende teoría. En mi opinión, la práctica sólo te la enseñan bien en una empresa como Dios manda.

—Yo no lo veo así. El Estado interviene en todo: en que se conduzca por la derecha, en que ciertas películas no sean accesibles a los menores de dieciséis años, en la vacunación contra la viruela y hasta en la reglamentación de las bicicletas, de modo que prohíbe circular sin timbre... Si se mete en cosas tan nimias, no veo yo por qué no podría crear talleres formativos. Si lo deseara, con promulgar una ley, pondría el asunto en marcha.

—¡No digas idioteces, hombre! Admitamos que el Estado empiece a formar a la gente. Supongamos que aquí, en nuestra ciudad, hubiera por ejemplo ciento cincuenta electricistas y que el Estado les diera una formación excelente. Todos ellos entonces conocerían a la perfección su oficio. Serían electricistas que habrían superado un examen y sabrían de sobra por qué suena un timbre cuando se aprieta un botón, y otras cosas por el estilo. Pero claro, se pondrían a buscar empleo. Con absoluta libertad. Y no encontrarían ninguno porque quizá no se necesitaran ciento cincuenta electricistas, sino solamente ciento treinta y ocho o cuarenta y uno, pongamos por ejemplo. ¿Qué harían entonces?

—En ese caso el Estado debería...

—¡Oye, tío! ¡Deja ya en paz al Estado! Si seguimos así, acabaremos concluyendo que el Estado, además de formar, tiene que crear y distribuir los puestos de trabajo. Dicho con otras palabras: debe planificarlo todo al milímetro: en «Bollullos del Monte» habrá el año próximo trece mecánicos de automóvil y dos electricistas y un torturador de pinceles y dos domadores de arenques, etcétera, etcétera, etcétera...

—¿Y qué?

—¿Cómo que y qué? Que en ese caso gozaríamos de una preciosa economía dirigida en la que el Estado lo decide todo. Nadie podría entonces elegir lo que le gustaría ser porque el Estado lo planearía, lo distribuiría, lo repartiría y lo decidiría todo.

—Seguro que habría plazas disponibles...

—De mis palabras no se deduce eso en absoluto. Lo único cierto y seguro en ese caso sería el número de profesionales, por ejemplo doscientos carniceros. Si a la gente entonces le diera otra ventolera... Lo voy a explicar con un ejemplo para que lo entendáis... Supongamos que uno de esos famosos presentadores afirma por televisión que no se debe comer carne, que debemos convertirnos en vegetarianos para no echar tripa y evitar los infartos y tener la piel suave como el culito de un bebé, y, además, porque comerse uno de esos filetes jugosos constituye casi un acto de canibalismo... Bien, el caso es que presenta el asunto con tanta claridad que de repente no hay persona que quiera comer carne, sino únicamente verdura. ¿Qué ocurre entonces con los carniceros? Que sobran. No obstante, ahí están porque no saben dedicarse a otra cosa que a ser carniceros.

—¿Cuál es entonces tu teoría?

—Una muy simple: debe haber siempre tantos profesionales como sean necesarios en ese preciso momento. Ni uno más, ni uno menos.

—¿Cómo puedes saberlo con antelación?

—Hasta hoy siempre se ha regulado por sí mismo. ¿Por qué iba a fallar de repente el sistema?

—Porque ahora ya no se regula...

—Te equivocas. También ahora se regula, por desgracia a nuestra costa. De momento no existe demanda de aprendices, y al mismo tiempo la oferta es muy amplia y abundante. Sucede lo mismo que con los pepinos: cuando los pepinos abundan en el mercado pero las amas de casa no los quieren ni regalados porque lo que buscan es rabanitos, el precio de éstos se pone por las nubes mientras los pepinos se echan a perder. ¡Tienes que entenderlo, hombre!

—¿Soy yo acaso un pepino?

—No, pero no andas muy lejos: ¡tu cabeza es una calabaza hueca!

—De acuerdo. Continuemos con tu ejemplo. Tus pepinos no se venden porque en ese momento no se necesitan. Pero un buen día, la gente desea comer otra cosa que rabanitos y los pepinos se vuelven necesarios, y se da salida a todas las existencias, incluyendo los atrasados, ¿o no?

—Pues no, de ninguna manera, porque en ese lapso de tiempo se han perdido algunos y los atrasados siguen sin venderse porque la gente adquiere los más frescos, ¿comprendes? De modo que los viejos, los que sobraban de antes, o resultan innecesarios o se venden a muy bajo precio. Como si fueran de segunda, pepinos secundarios, por decirlo de otra manera. Pepinos de ocasión. Y claro, en esas circunstancias, la mayoría se convierten en meros desperdicios. ¡Hala, a la basura con ellos!

—¡Qué tontería! Además el ejemplo no es muy afortunado. Nosotros no vamos a ser cortados en rodajas para ensalada como los pepinos. A nosotros nadie pretende devorarnos.

—¿De verdad?

—Hemos tenido mala suerte, lo reconozco, pero la industria volverá a necesitar aprendices pronto y todo lo más habremos perdido un año, dos si quieres. Quizás nunca recuperemos el tiempo perdido, pero pensad que lo que nos habrá sucedido es que hemos empezado a ganarnos la vida un poco más tarde.

—¡Craso error! Pronto se necesitarán otra vez aprendices. En este punto te doy la razón. Pero entretanto habrá salido un nuevo curso de la escuela y un montón de chicos andarán buscando plazas. La demanda de pepinos habrá aumentado, ciertamente, pero también la oferta: habrá muchos más pepinos en el mercado, ¿comprendes? En consecuencia, aumentará el número de personas sobrantes, y serán, por ejemplo, dos personas más que este año las que no encuentran trabajo y seguirán buscándolo un par de años después. Los que adjudican las plazas dirán entonces: «No, a éste ya no le cogemos, es demasiado viejo, se casará durante el período de aprendizaje y cuando haya aprendido el oficio estará a punto de jubilarse. Además, estos chavales cuanto mayores son, con más facilidad abren el pico y se convierten en una fuente de dificultades.» ¡De manera que otra vez sin nada!

Todos guardaron silencio durante unos instantes, hasta que uno, con tono mitad desvalido mitad insolente, dijo:

—Para mí eso no supone un problema. Mi viejo gana un buen sueldo. Me mantendrá sin rechistar.

—¿Hasta cuándo? —preguntó Angela—. ¿Hasta que cumplas setenta años?

Bernhard se admiraba de que Rolf fuera capaz de permanecer en silencio. Las palabras de los demás eran acertadas, pero ¿de qué les servían? No resultaba muy consolador reunirse todos para explicarse unos a otros su crítica situación. El hecho de que unos estuvieran peor que otros no mejoraba la situación sino que la hacía más evidente. ¿Qué se conseguía con eso?

Rolf, por el contrario, parecía completamente satisfecho con el desarrollo de la conversación, y cuando se dio cuenta de que ninguno de los presentes tenía nada que añadir al tema, opinó:

—¿Lo veis? La situación es justamente la que habéis descrito. Ahora hay que transformarla. Pero sólo se puede transformar cuando somos conscientes de ella: la conciencia nos permite reconocer la podredumbre y reflexionar lo que hay que cambiar para mejorar la situación. ¿Lo habéis comprendido?

Todos asintieron en silencio.

—Por eso estamos sentados aquí todos juntos hablando…

—Tampoco a base de conversaciones vamos a conseguir mejorar las cosas…

—¡Te equivocas! Hablar constituye el primer paso… cuando la gente se reúne y discute su problema, da un paso hacia la solución. No es que se acerque mucho, de acuerdo, pero eso supone iniciar el camino, y hasta los caminos más largos comienzan con un primer paso. Cuanto más dilatada sea la marcha, con mayor paciencia hay que cargar con el equipaje.

—¡Bah! ¡Todo eso es una mierda!

—No, ¡ensalada de pepinos!

—No pretenderás convencernos en serio de que podemos cambiar las cosas a base de paciencia... Estamos aquí sentados, esperando como los conejos a ser sacrificados, y parece como si nada cambiara con el paso de los días. Y no es cierto. Eso es un error. Para nosotros, la situación empeora de día en día, es más desesperanzada. Los otros chicos, a medida que crecen, nos van arrebatando la oportunidad de tener una profesión. ¡Y tú nos hablas de paciencia!

Los restantes miembros del grupo corroboraron con gestos y movimientos de cabeza estas palabras, aunque ninguno de ellos sabía por qué sustituir la paciencia en su equipaje. ¿Qué hacer? No se puede uno apoderar por las buenas de una plaza de aprendiz. El hambriento puede robar un pan; el que pasa frío, un abrigo. Pero la formación profesional o un simple puesto de trabajo no cualificado es imposible de agarrar; uno no puede apoderarse de él a escondidas, ni metérselo en el bolsillo y llevárselo. La única solución era esperar: esperar como se espera un fenómeno de la Naturaleza, un milagro o quizás una obra de caridad.

—Si somos muy pacientes y no alborotamos, acabarán por olvidarse de nosotros y ni siquiera se darán cuenta de que aún existimos —apuntó Klaus—. Creo que deberíamos solicitar de vez en cuando empleo para no caer en el olvido.

—¿En la Oficina de Empleo? Pero, hombre, yo estoy tan acostumbrado a ir por allí que pronto me comprarán una colchoneta inflable para quedarme a dormir en la oficina; ya sabes, ¿de qué me ha servido? De nada. Nuestra situación, me parece, no depende de esa gente. De hecho, se esfuerzan tanto que dan pena. Debe resultarles también muy desagradable tener que negar siempre con la cabeza. Responder «no», una y otra vez, tampoco sirve de nada.

—No me refería a la Oficina de Empleo. Debemos dirigirnos más bien a la opinión pública. La gente debe darse cuenta de que aquí estamos una multitud de jóvenes que desea trabajar, pero nadie les ofrece ni les ofrecerá trabajo.

—¿Y qué? Los demás sólo se preocupan de ganarse su propio pan. Juan Palomo, yo me lo guiso, yo me lo como. ¿Qué les importamos nosotros?

—No digas eso... Se están escribiendo páginas y páginas sobre el tema... A propósito de la delincuencia juvenil, por ejemplo. Hace muy poco tiempo leí en alguna parte que la delincuencia juvenil aumenta porque hay demasiados jóvenes sin trabajo. Quiero decir que eso intranquiliza a la gente, ¿no es cierto? ¿O crees acaso que tampoco le preocupa a nadie que cada vez haya más jóvenes que cometen tonterías y van a parar al talego?

—¿Por qué iba a preocuparles? ¡Al que encierran entre rejas, le quitan al menos de la circulación!

—Bien, pero quizás antes rompa un par de lunas de automóvil o descerraje una máquina expendedora de tabaco. Todos estos fenómenos inquietan a las gentes porque tal vez podrían resultar afectadas ellas mismas, ¿o no?

El zopenco rubio sentado frente a Klaus frunció la nariz y dejó escapar una risita sarcástica.

—¡Hombre, Klaus! Se te acaba de ocurrir la idea del mes. Escríbela con letras de oro y luego cuélgala enmarcada encima de tu cama. Si no te he entendido mal nos estás aconsejando que nos dediquemos con cierta frecuencia al robo: una pequeña sucursal bancaria, o el bolso de alguna ancianita, o el dinero para el bocadillo de los niños pequeños, y que de esa manera el resto del mundo se entere de que existimos y se encargue de buscarnos un trabajo...

Los demás rieron.

—No seas estúpido. Lo que yo propongo es algo radicalmente diferente, lo sabes de sobra. Por ejemplo, podríamos ir a la calle...

—Si nos pasamos en ella la mayor parte del día...

—Cierto, ganduleando. Ahora, sin embargo, vamos a actuar de forma completamente distinta. Con pancartas y consignas coreadas a voces; me refiero a... una verdadera manifestación, ¿entendéis?

—Hoy en día una manifestación ya no causa impacto. A lo sumo dirán: «Ya están esos otra vez dando la lata. ¿Es que no tienen nada mejor que hacer?»

—Hemos de organizarlo con inteligencia. En cuanto oigan y vean que lo nuestro va en serio, se pondrán de nuestro lado. ¡Seguro! En el fondo nos consideran unos simples vagos, que prefieren haraganear a trabajar. Nosotros tenemos que hacerles ver con toda claridad que se equivocan de medio a medio.

—¡Exacto! —exclamó Rolf—. Aunque os ha costado lo suyo, creo que por fin habéis dado en el camino acertado. Una manifestación, o más si es preciso. Esto podría ser el segundo paso, un segundo paso grandioso y genial. Pero es imprescindible entenderlo bien desde el principio. Bueno, yo he pensado que...

24

—¡El orden es necesario! ¡La gente no puede hacer lo que le dé la gana!

Estaba cabreado como una mona. Yo, si he de ser sincero, no acababa de entenderlo. Él, siempre tan razonable, con unas ideas tan normales, salía, de repente, con ese follón de la ley y el orden y cosas parecidas.

—¿Pero qué te has creído? Bastante malo es ya que te pases la semana correteando por àhí y dejando en manos de Dios la tarea de convertirte en un hombre honrado. ¡Ni siquiera necesitas hacer novillos! Sólo tienes que aparecer por allí una vez a la semana. Si hace unos años te hubieras comportado así, te habría colocado sobre mis rodillas y te habría molido a palos el trasero y no habrías podido sentarte como es debido en una semana. Ahora ya eres demasiado mayor para semejante castigo. A tu edad ya deberías tener una pizca de sentido común. A fin de cuentas ya sabes que las personas deben cumplir sus obligaciones, maldita sea, tanto si les gustan como si no.

—¿Por qué?

De verdad que no entendía su excitación. Yo no había ido ni una sola vez a la escuela de formación profesional. Cierto. Bueno, ¿y qué? ¿Qué pintaba yo allí? Cualquiera se daría cuenta de que es ilógico. Nadie se encarga de proporcionarme una profesión, y sin embargo me obligan a ir a la escuela de formación profesional. ¡Absurdo! Unas personas sin profesión en la escuela de formación profesional...

No he ido nunca. Cuando me enteré de lo que hacían en ella, no suscitó en mí el mínimo interés. ¡Trabajos manuales! Esa labor también podría hacerla en mi casa si me apeteciera. Pero no me apetece. Además, enseñaban una pizca de alemán y una pizca de matemáticas, cosas que yo ya sé. A fin de cuentas tampoco iba tan mal en el colegio. Entonces, ¿por qué amontonarme allí con antiguos alumnos de educación especial y volver a estudiar un rollo que yo he superado hace tiempo?

¡Claro que no he ido por allí! Pero hete aquí que acaba de llegar esa estúpida carta del Director.

«He de advertirle», decía, «que su hijo Bernhard, ahora al igual que antes, sigue en edad de escolarización obligatoria. Como titular del derecho de educación es usted responsable...»

Y añadía una sarta de estupideces. Yo sólo soy responsable de mí mismo y nadie más. ¡Estaría bueno!

—De manera que si en el futuro se te ocurre faltar una sola vez a la escuela de formación profesional, te llevaré yo mismo, aunque tenga que hacerlo a bastonazos. ¡Qué vergüenza! ¡Qué vergüenza! Lo único que falta es que un buen día nos encontremos un policía a la puerta de casa que viene a recogerte para llevarte al colegio. ¡Eso es legal, lo sabes de sobra! ¡Y yo no quiero llegar a ello! De ningún modo, ¿me oyes? Así que si no pones algo de tu parte, yo me encargaré de que...

Farfulló algo completamente incomprensible, seguro que porque ni él mismo sabía de qué iba a encargarse en realidad.

—¡Mejor será que te encargues de buscarme trabajo! En ese papel dice que eres el titular del derecho de educación. Si, como afirman los de la escuela de formación profesional, eres responsable de mí, búscame una plaza. Acudiré a esa maldita escuela cuando consiga trabajo, no antes. Diez veces que venga la policía, diez veces que tendrán que llevarme a la fuerza, porque me escaparé del colegio en la primera pausa. No me quedaré allí ni aunque me encierren los fines de semana. ¡Si quieren que asista a esas clases, tendrán que dedicar un policía a vigilarme continuamente o atarme a la silla!

—¡Pero hombre...!

En realidad yo ya contaba con que papá montaría en cólera. En caso contrario jamás le habría tolerado que me hablara en ese tono. Justo en ese momento se serenó. En sus ojos ya no se percibía ira, sino perplejidad, una perplejidad tan honda que a mí me dio la sensación de que en realidad debía compadecerle.

25

El tiempo mostraba ya indicios otoñales, aunque aún podíamos disfrutar de días cálidos y veraniegos. Los que acudían a la piscina se movían sin parar como las olas del mar. Ya no quedaba prácticamente nada del antiguo campamento de toallas, y es que esas cosas se iban perdiendo con el correr de los días. Pese a todo, aquel que iba a la piscina echaba una ojeada al antiguo sitio y por lo general solía encontrar a uno u otro miembro del círculo.

En el antiguo punto de encuentro sólo hallé a Uwe acompañado por otro chico desconocido para mí. Al llegar a su lado me dio la impresión de que los dos cerraban la boca en mitad de una frase. Torcieron el gesto intentando mostrarse lo más naturales posible. Estaban sin duda hablando de algo que no querían que yo oyera. ¡Bueno, y qué!

Cuando me disponía a proseguir mi camino, Uwe dijo:

—Puedes tumbarte tranquilamente con nosotros, Bernd. ¡Dichosos los ojos…! Eres tan caro de ver…

Yo me tumbé con ellos, aunque no conseguí librarme de la sensación de que les molestaba. Sobre todo al desconocido, que resultó llamarse Bodo. Tenía dos años más que yo y estaba sin trabajo. Era un verdadero parado, no como nosotros. No pertenecía al grupo de alumnos que tras acabar la etapa escolar se habían quedado sin una plaza de aprendiz. Bodo, nada más terminar la escuela, había empezado a trabajar como peón y se había ganado unas pelas. Pero en cuanto las obras disminuyeron, le pusieron de patitas en la calle. Ahora cobraba al menos el subsidio de desempleo, aunque él afirmaba que con eso no tenía ni para empezar y que si no encontraba por fin cualquier cosa pronto estaría en la ruina.

—¿Cómo intentas conseguirlo? —pregunté yo con la esperanza de aprender algo de él.

—Dedicándome a curiosear por ahí —respondió.

—Con tapones en las orejas... —apuntó Uwe con una sonrisa sarcástica—. Mientras le caiga dinero del paro, éste no moverá ni un dedo.

En realidad no sabíamos muy bien de qué hablar, así que optamos por saltar al agua y hacernos un par de anchos. Luego nos tumbamos de nuevo sobre nuestras toallas, y Bodo, más en tono de broma que en serio, opinó:

—Cuando a uno le resulta imposible ganar dinero, debería procurárselo de cualquier otra forma.

—¿Cómo?

—¡Dinero hay en todas partes!

—Será que yo estoy ciego entonces.

—Las máquinas automáticas, por ejemplo. Están colocadas por las esquinas. O los alumnos a los que les asignan demasiado dinero para sus gastos y no saben qué hacer con él. Uno podría encargarse de repartir las cosas un poco mejor. O una viuda rica, necesitada de un remedio para el corazón, o un jovencito rico, lo mismo da.

—No, gracias. ¡Conmigo no cuentes! —exclamó Uwe gesticulando con la mano—. ¡Prefiero seguir sin blanca!

—¡Tonterías! Si no tienes dinero, estás listo. El dinero no huele. Si lo tienes, nadie te pregunta de dónde lo has sacado. Lo creáis o no, yo por dinero hago cualquier cosa. —Bodo reflexionó un instante e inmediatamente corrigió—: Bueno, casi todo. Violencia, no. Como mucho podría llegar a amenazar a alguien un poquito, pero liquidarlo de verdad, no. Sería incapaz.

—Si lo haces casi todo —dijo Uwe— pronto te echarán el guante y te meterán en la trena. Allí de nada te servirá el dinero. No, Bodo. No compensa. Prefiero convencer a mi viejo de que se rasque un poco el bolsillo o sacarle de vez en cuando un premio a las tragaperras si la suerte me sonríe. Anteayer, veintinueve marcos limpios. Fue una auténtica bendición, porque me había jugado hasta el último céntimo.

—¡Menudencias! —gruñó Bodo desdeñoso—. Veintinueve marcos... Esa cantidad no da para mucho. Enseguida te quedas con los bolsillos vacíos. No, no. Hay que buscar operaciones más sustanciosas.

—Hombre, yo no le hago asco al dinero —opinó Uwe—, pero tus sugerencias para ganarlo no me gustan. Yo, por ejemplo, no me voy con un tipo cualquiera...

—Ni tienes por qué. Basta con hacer como si. Escucha, lo que sucede...

Era evidente que Bodo deseaba contar sus maquinaciones, pero titubeó y me miró de arriba a abajo.

—Berni puede oírlo tranquilamente —dijo Uwe.

Yo, al notar la indecisión de Bodo, me levanté.

—Voy a orinar —dije alejándome.

Cuando regresé, Bodo y Uwe enrollaban sus toallas. Se disponían a marcharse.

Yo preferí darme un último chapuzón.

26

—¡El chico tiene razón! ¿Para qué está su padre si, llegado el momento, no puede ayudarle? Es un muchacho sano, inteligente, equilibrado, que me ha dado bastantes menos disgustos que a otros sus hijos. Yo siempre había pensado que él llegaría a ser alguien. Reconozco que no me pasó por la imaginación hacerle seguir estudios superiores. Sin embargo, yo siempre había pensado que él sabría abrirse camino en la vida, porque conoce la forma más acertada de tratar a la gente. Todos le querían ya desde que era un bebé.

A veces yo he sentido una pizca de orgullo por Berni, aunque tampoco he permitido que se me notara demasiado. ¿Y ahora qué? Cuando alguien me pregunta: «¿Qué hace su hijo?», yo contesto: «Nada. Holgazanear. No encuentra trabajo.»

Entonces los demás te miran con lástima, como si uno de los miembros de la familia fuera un inválido.

Berni, sin embargo, no es un inválido. Es un muchacho sano y fuerte y muchas cosas más. Es bastante mejor que otros que hace tiempo que consiguieron su plaza. ¿A qué se deberá eso? ¿A la suerte? ¿O es que son mejores? ¿Quizá sus padres valen más o se han ocupado de sus hijos antes o mejor? ¿Le habré desatendido? ¿Habré hecho algo mal?

¡Tonterías! ¡Yo lo he intentado todo! Hablé con los directivos de la empresa y no resultó. Recorrí con él la ciudad entera. Casi acabé sintiéndome un limpiador de picaportes. He hecho cuanto he podido. Nadie puede reprocharme nada.

¿Y él? ¿Tendrá algún reproche que hacerme?

Si no encuentra de una vez un verdadero trabajo, no llegará a nada en la vida. Cuanto más tarde se dé cuenta de lo que le falta, más posibilidades habrá de que diga: «Es que mi padre no se preocupó lo suficiente.»

¡Que ni se le ocurra!

Con todo, quizás me haya rendido pronto. Debería intentarlo de nuevo. A fin de cuentas el «no» ya lo tengo. Además, me parece que la situación de la empresa ha mejorado considerablemente. Desde luego los pedidos no faltan, y se trabaja a destajo. Si no existen plazas de aprendiz... Dios, yo tampoco las tuve y algo he conseguido. No mucho, la verdad, pero sí algo. Al menos alimentar a mi familia. En cuanto cumpla los dieciocho ya me encargaré yo de que Berni se saque el carnet de conducir. Hoy en día es necesario. Sin él ya no se puede ir a ninguna parte. Luego todo vendrá por sus pasos.

Mañana mismo iré a hablar otra vez con el gerente. Y ahora no me despachará con tanta facilidad como la primera vez. ¡No dejaré que se libre de mí a las primeras de cambio!

27

Soplaba un viento fresco, con rachas ocasionales de violento cierzo. Delante de la comitiva, en la calle, se arremolinaban los papeles. Una lata vacía de cola rebotaba con estrépito sobre el asfalto.

Los miembros de la tertulia que se reunía en casa de Rolf ocupaban las primeras filas. Bernhard caminaba codo con codo con Rolf.

¿Dónde habría encontrado Rolf tanta gente? En cabeza marchaban un centenar más o menos de jóvenes de la edad de Bernhard. Rolf los había pescado en la Oficina de Empleo cuando acudían en busca de información, según les había confiado el propio Rolf. Había hablado con cada uno de ellos por separado, y sólo uno se había negado a ir a la manifestación. La idea les entusiasmó y todos se apuntaron enseguida.

A continuación marchaba otro centenar, que todavía eran escolares. De repente habían aparecido por allí un par de delegados de los alumnos diciendo que ellos y sus amigos deseaban solidarizarse con los manifestantes. «Lo que hoy os sucede a vosotros», habían declarado, «puede muy bien sucedernos a nosotros en el futuro, así que vamos a aportar hoy nuestro granito de arena.»

Uno de los delegados de los escolares se dirigió adonde estaba Rolf, que, vestido con su anorak verde, de cuyo bolsillo colgaba un clavel rojo como la sangre, se mostraba muy resuelto.

Más atrás seguía un montón de gente de mayor edad. Ya no se trataba de adolescentes sin trabajo o escolares. No. Eran personas que consideraban importante la cosa y querían participar en ella. La mayoría procedía de la Universidad.

La manifestación fue una larga fila ya desde el primer minuto, y a partir de ese momento se amplió aún más al agregarse sin cesar nuevos manifestantes por propia voluntad. Se distinguía perfectamente dónde comenzaba ese crecimiento espontáneo: en la zona en la que ya no se veían pancartas.

Bernhard no sabía de dónde había sacado Rolf las pancartas. En cierta ocasión Rolf había hablado de fabricar unas cuantas ellos mismos, pero no habían puesto nunca manos a la obra. Y ahora surgían como por ensalmo un montón de pancartas, tan hermosas que parecían hechas por auténticos profesionales. Las pancartas, sin embargo, no bastaban para cubrir toda la manifestación, porque ésta crecía por momentos.

En las leyendas de las pancartas se veía la mano de un experto. Cada una tenía un texto diferente.

«Se llenan los bolsillos los jefazos
y a nosotros nos dejan sin una pela
y en paro.»

En otra se leía:

«¿Qué ha sido de vuestras promesas,
socialdemócratas?»

Y en otra de la tercera fila:

«Si hoy escurrís el bulto,
no pidáis nuestro voto en el futuro.»

No había habido precisamente disputas para llevar las pancartas, pero al final se habían ofrecido los voluntarios suficientes. Su tarea no era nada fácil con el fuerte viento, y cuando soplaban las rachas de cierzo tenían que emplear toda su fuerza para no ser arrastrados por el vendaval.

La manifestación se movió al principio por la periferia en dirección al centro. La policía cortaba el tráfico en los cruces. Los paseantes se detenían y, mientras observaban el paso de la manifestación, leían los textos de las pancartas.

La gente parecía comprender perfectamente los motivos de esa manifestación juvenil y no demostraba signos de rechazo, aunque tampoco de interés. Incluso si... Claro: el problema residía en la falta de trabajo, y de donde no hay, no se puede sacar. ¿Qué hacer en semejante tesitura?

Antes de iniciar la marcha, Rolf había repartido hojitas con los textos escritos de las consignas a corear, que surgían de cualquier punto de la manifestación, tímidas al principio, entonadas por pocas voces; luego el coro se animaba hasta convertirse en el grito de múltiples gargantas que devolvían como un eco los muros de las casas:

«¡Trabajar. Queremos trabajar!»
«¡Exigimos nuestro derecho
a la formación!»
«¡Las zarpas de los jefazos apartad!»
«Los que hoy no consigan trabajo,
mañana a la calle volverán
y lo contemplarán embobados
socialdemócratas y democristianos!»

La comitiva se aproximaba al centro de la ciudad. Un policía se acercó a Rolf. Al parecer el funcionario sabía quién dirigía la manifestación.

—¿Es usted el responsable?

—Sí. La manifestación se notificó con la antelación suficiente y cumpliendo todos los requisitos.

—Lo sabemos. No tenemos nada que objetar. Pero tendrán que desviarse en el próximo cruce.

—Nosotros queremos continuar por esta calle justo hasta el centro de la ciudad.

—¡Imposible, hombre! A estas horas está terminando la jornada laboral y si les permitiéramos seguir, el tráfico se colapsaría. Es un motivo de peso, compréndalo.

—¿Pretende usted que nos apartemos del núcleo de población para que se entere de la manifestación el menor número posible de personas?

La respuesta del policía no fue grosera, aunque sí más enérgica:

—¡Por favor, no cree usted más dificultades! Hasta ahora hemos despachado el asunto de forma civilizada, ¿no querrá usted camorra para terminar? Si es eso lo que busca, la gente que podría ganar para su causa se pondrá en contra suya, lo cual no le beneficiará a usted lo más mínimo.

—No buscamos camorra. Lo único que deseamos es llegar a la calle Mayor. Una vez allí yo dirigiré una corta arenga a los manifestantes y a continuación nos disolveremos sin provocar incidentes.

—Muy bonito. Y entretanto, la gente metida en sus vehículos sin poder moverse.

—Cierto. Pero sólo estarán parados diez minutos. Estos jóvenes lo estarán toda la vida si no encuentran ahora un trabajo.

—¡Le repito que es imposible!

—¡Eso ya lo veremos!

—¡De acuerdo! ¡Como usted quiera!

El policía se volvió con un encogimiento de hombros, sacó del bolsillo su radio portátil y pronunció unas breves palabras.

Tres coches de policía se cruzaron en medio de la calle cien metros más adelante. Los funcionarios descendieron de los vehículos y ocuparon los huecos entre los coches, bloqueando el camino.

—Oye, Rolf, creo que podemos girar tranquilamente a la derecha —apuntó Bernhard—. En la calle de la Cuesta también hay mucha gente. No es obligatorio seguir a toda costa en línea recta. Complazcámosles, si ellos así lo quieren. La verdad es que por ahí delante pasa todo el tráfico.

Rolf parecía muy decidido.

—¡Precisamente por eso! —exclamó Rolf—. Somos más de doscientos. ¿Vamos a dejarnos intimidar por un puñado de maderos que ni siquiera han traído un «botijo»? ¿Qué es esto: un paseo o una manifestación?

—Así no vamos a conseguir nada...

—¡Te equivocas! Como no conseguiremos nada es si la prensa mañana no habla de nosotros. Si continuamos nuestro camino en línea recta, seguro que mañana sale algo en los periódicos.

Aún nos quedaban unos setenta metros.

Se presentó entonces ante la cabeza de la manifestación el mismo policía de antes.

—Le advierto a usted que si no gira en el acto por la calle de la Cuesta, la manifestación se saldrá del trayecto autorizado. Vuelvo a pedirle a usted...

—Está bien —le cortó Rolf—. Usted ya ha cumplido con su deber. Nosotros, por nuestra parte, seguiremos nuestro camino sin desviarnos.

Al mismo tiempo enlazó las manos sobre su pecho. Bern y uno de los delegados que le flanqueaban comprendieron su movimiento y se cogieron cada uno de un brazo, formando así una cadena que se fue alargando hasta ocupar todo el ancho de la calle.

De repente surgieron las banderas.

En el centro de la segunda fila, justo detrás de Rolf, comenzó a ondear una gran bandera roja, de unos dos metros de largo. Un joven la agitaba por encima de su cabeza para que todos la vieran. Se desató entonces una oleada de voces, una mezcla coral de distintas consignas que devino al fin en un griterío similar al de los campos de fútbol cuando se inicia un contraataque repentino...

Una racha de viento zarandeó la bandera y a fuerza de batirla hacia adelante, envolvió con ella la cabeza de Bernhard. Éste necesitó ambas manos para desenredar la tela de sus cabellos y al fin se libró de ella con una sonrisa.

—¡Venga, a correr! —gritó Rolf con toda la fuerza de sus pulmones, y empezó a correr.

Los demás le siguieron.

Los policías situados entre los coches atravesados habían cambiado ya sus gorras por cascos y sacaron sus porras de goma en ese momento.

28

—Te repito que es un hombre como Dios manda. Un hombre decente, y digan lo que digan, no me harán cambiar de opinión —relataba Willnow padre a su esposa—. «No empieces con la misma canción», me dijo él de primeras. «No hay nada que hacer», pensé yo entonces. Pero al ver que me miraba enfadado, yo insistí: «Pues sí, señor Seeger, siento mucho tener que empezar con la misma canción: mi hijo continúa sin encontrar trabajo, y la situación se está volviendo intolerable, ¿no le parece?» «¿Cree usted acaso que yo puedo cambiar el rumbo de las cosas?» «¡Por supuesto que sí!», le contesté. «Usted, señor Seeger, puede cambiarlo todo simplemente dándole trabajo a mi Bernhard. Ahora nos sobra. En el almacén están incluso haciendo horas extras para llevarlo al día.»

«Lo siento, Willnow. Ni con la mejor voluntad del mundo podría ayudarle. Su hijo tiene quince años y en el almacén a veces los hombres han de arrimar el hombro y esforzarse de lo lindo. Y él, claro está, no podría. Además, existen disposiciones legales de protección a los menores, y nosotros nos meteríamos en un terreno muy resbaladizo y peligroso si no las observáramos. Por otro lado, al principio los compañeros le tratarían con consideración. Seguro que sí, porque en el fondo comprenderían que un chico como él, a pesar de su fortaleza y disponibilidad, no cumple igual que un hombre adulto. Sin embargo, esta situación no duraría mucho y entonces hasta el más comprensivo se quejaría de tener que trabajar un poco más que el chico... No, de ninguna manera, sería una fuente de disgustos.»

«Si yo hablo con los del almacén, me escucharán», le dije yo. «No le darán ni un disgusto, señor Seeger. Seguro que no. ¡Yo me encargo de eso!»

«Entonces los demás le acusarán a usted de ser una niñera y seguramente se burlarán del muchacho. De todos modos, aunque no lleguen a tanto, seguro que a su hijo no le agrada que su padre intervenga. No, Willnow, lo que usted me plantea no le beneficia en nada al muchacho, créame. He dicho que en el almacén no, y nada ni nadie me hará cambiar de opinión.»

«¡Otra oportunidad perdida!», pensé yo. El gerente debió notar mi profunda desilusión porque me dijo, con un guiño de complicidad:

«Bueno, Willnow, yo me refería al almacén, no a facturación. Quizás en facturación funcionara. No es un trabajo muy duro. La mayoría son mujeres y si en alguna ocasión les toca una tarea pesada, ahí está el viejo Thienemann para encargarse de ella. En fin, Willnow. Hoy estamos a veintisiete. Dígale a su hijo que el día uno empieza a trabajar con nosotros. Le aconsejo que se presente un día antes en la sección de personal para arreglar los papeles. ¡Ah! Dígale también al chico que sea formalito, porque va a trabajar rodeado de mujeres.»

«Lo será», le prometí. «Si mete la pata, yo me encargaré personalmente de molerle a palos el trasero. Muchas gracias, señor Seeger. Le aseguro que no lo lamentará. Por cierto, ¿qué hay del jornal?»

«No lo sé, no es asunto mío. Ese tema es

competencia del señor Scheffers, del departamento de personal. El chico percibirá el salario que le corresponda, cuente con ello. Scheffers sabe lo que se hace. Además, usted nos conoce y sabe que no hemos sido nunca mezquinos...» En fin, querida, te lo vuelvo a repetir: es un hombre legal.

Su esposa, tras llenar una taza de café para su marido, se la sirvió en la mesa de la cocina y dijo:

—¿Lo ves, Karlheinz? Yo siempre supe que las cosas se arreglarían. Hacer paquetes no es precisamente lo que Berni deseaba, pero por algo se empieza. Así al menos dejará de vagabundear por la calle y por la cervecería. Eso de estar con Vatti hasta altas horas de la noche nunca terminó de gustarme. Me alegro de que al fin tenga un trabajo regular y sepa cuál es su sitio.

29

Ya se distinguía la hinchazón en la frente justo encima de su ojo derecho, y Bernd tenía la sensación de que seguiría creciendo y creciendo hasta que su cabeza pareciera una calabaza.

—¿Nombre? —preguntó con desinterés el policía.

—Bernhard Willnow.

Dos dedos fueron seleccionando las letras con cuidadosa lentitud.

—¿Nacido el...?

La cosa duró lo suyo. Los tres policías de las mesas contiguas tampoco demostraron ser más rápidos.

La policía había detenido a quince manifestantes antes de disolver la manifestación a porrazo limpio en la barricada de coches.

En la comisaría los policías no se mostraron

ni furiosos ni groseros, si acaso un poco fastidiados por tanto trabajo burocrático superfluo que a nada conducía. Tomaron las filiaciones, abrieron un expediente, levantaron actas, pero todo se quedó en agua de borrajas porque el fiscal no formuló cargo alguno y archivó las acusaciones al no apreciar falta alguna. Todo eso era conocido de sobra. Únicamente se podía proceder con auténtica energía en la calle. Allí dentro había que tener un cuidado de mil diablos, porque enseguida surgían las quejas, las denuncias y las aperturas de expedientes disciplinarios. Las medidas enérgicas, en definitiva, habían pasado ya a la historia, a no ser que alguien hubiese tirado una bomba o herido gravemente a un agente de policía. ¡En el fondo se trataba a estos chicos con excesiva blandura! ¡Sí, señor: con excesiva blandura! En la fiscalía se mostraban muy generosos, aunque el trabajo y los disgustos eran siempre para los funcionarios de la comisaría.

Ese día la situación era aceptable. En realidad, los muchachos detenidos eran muy formales. No se trataba de criminales ni de pandilleros. Por su aspecto, parecían un tanto intimidados y confundidos. Al principio uno de ellos se había puesto impertinente llamándolos «estúpidos monos». Pero entonces un «mono» le propinó un pisotón adrede al pasar a su lado, y a partir de ese instante el chico guardó silencio y los demás se acobardaron. ¡Manifestantes profesionales...! ¡Principiantes!, eso es lo que eran. A decir verdad, debería quitárseles el gusto por esas cosas la primera vez. Si se les permitía regresar a sus casas dentro de un cuarto de hora y encima sus madres les curaban con hielo sus chichones, lo más seguro es que se sintieran héroes y esperasen con impaciencia una segunda tentativa.

Hoy en día hay que tratar a esos golfos con guante blanco porque si se les ocurría tocarles un solo cabello, al día siguiente la prensa hablaría de

«Estado policiaco», «arbitrariedad policial», «amenaza de inconstitucionalidad» y otras lindezas por el estilo. La gente quería tranquilidad y orden, pero, ¡ojo!, que no se le ocurriera a la policía actuar con energía para preservar la paz y el orden, porquc entonces todo el mundo se les echaba encima.

El agente siguió tecleando con desgana, extrajo la hoja de la máquina y se la tendió a Bernhard para que la leyera, señalándole con el dedo el lugar donde debía estampar su firma.

Bernd firmó y miró al funcionario con aire inseguro.

—¡Puedes irte! —le dijo el policía—. Pero procura no dejarte ver por aquí de nuevo o te apretaremos las clavijas, ¿está claro?

Bernhard asintió en silencio.

—¡Vamos! ¡Lárgate! —le gritó el policía mientras le indicaba al siguiente detenido que se sentase en la silla colocada ante la máquina de escribir.

Al llegar a la puerta, Bernhard se dio media vuelta y regresó. El policía estaba ajustando el papel para recibir la siguiente declaración.

—Perdone —dijo Bernhard—. ¿Se informará a mis padres? Quiero decir de mi estancia aquí y de…

—No lo sé —contestó con indiferencia el agente—. Supongo que sí —añadió, a punto de esbozar una sonrisa de satisfacción—. Te va a calentar el culo tu padre, ¿no es verdad? Te estará bien empleado. Pareces muy formal, ¿cómo te has metido en este lío?

—Nosotros sólo queríamos… La manifestación se convocó dentro del plazo legal y con arreglo a los requisitos establecidos, ¿no?

—El que ama el peligro, en él perecerá —sentenció el policía, perdiendo el interés por Bernhard para centrarlo en el muchacho siguiente—. ¿Nombre? —preguntó con los dos índices dispuestos sobre el teclado de su máquina de escribir.

30

¡No! ¡No es justo! En el colegio nos habían explicado que uno podía manifestarse, notificándolo previamente y cumpliendo las reglas, pero que se podía. La policía no nos permitió continuar en línea recta. Es verdad. Yo le dije a Rolf que giráramos por la calle de la Cuesta, muy concurrida, aunque con menos tráfico. Pero él se negó en redondo.

¿Contaba él de antemano con un enfrentamiento con la policía? Si es así, hay que reconocer que no tuvo miedo, porque fue derecho hacia los coches de policía y cuando yo intenté recular a la vista de las porras, él me asió por el brazo con más fuerza y me arrastró sin contemplaciones. Quizás hubiera conseguido liberarme, pero hubiera sido una cobardía. Rolf no me soltó hasta después del primer golpe.

¡Qué dolor me produjo! Me muero de curiosidad por comprobar el aspecto que tendrá mañana el golpe encima de mi ojo.

Luego aquellos dos policías me subieron sin más preámbulos al coche. Yo creo recordar que no opuse resistencia. Por otra parte hubiera sido inútil porque ellos tienen práctica y uno se queda impotente.

No tengo ni idea de qué fue de Rolf. Aunque no le vi en la comisaría, seguro que también le echaron el guante... ¿Se le caerá a él el pelo?

¿Por qué? ¿Hemos cometido acaso un delito tan grave? No pertenecemos a la banda Baader-Meinhof ni nada parecido. Queríamos explicarle a la gente la situación de los escolares sin plaza de aprendiz. Y eso es, ni más ni menos, lo que hemos hecho.

Me muero de ganas por ver qué dicen mañana los periódicos.

31

«Pronto tendré que volver al oculista», pensó la madre de Willnow. Los cristales de sus gafas no eran lo suficientemente gruesos. Apoyó el periódico en la cafetera y se reclinó hacia atrás para reconocer mejor la fotografía.

—¡Caramba, Berni! Nunca te habían sacado una foto tan bonita como ésta. Hoy mismo vas a ir al periódico para preguntar quién es su autor y pedirle una copia cuanto más grande mejor. ¡Pienso enmarcarla, oye! En serio, ¡qué foto tan bonita...!

Era verdad: el fotógrafo había logrado una instantánea francamente buena. Bernhard ni siquiera había advertido su presencia. La cámara había sido disparada justo en el preciso instante en que la racha de viento había zarandeado la bandera roja haciéndola tremolar en torno a la cabeza de Bernd, que intentaba librarse de ella. En el centro se veía a Bernd, la boca entreabierta en una sonrisa, los cabellos alborotados por el viento, ambas manos alzadas a la altura de los hombros y aferradas a la bandera, de modo que daba la impresión de que él intentaba avanzar más deprisa con la bandera, de que le resultaba demasiado lento el avance hacia los coches de la policía, que no salían en la foto, camino de una meta invisible en definitiva.

La foto figuraba en un artículo titulado «Enfrentamientos entre jóvenes y policías». En él se informaba, con concisión y objetividad, de la manifestación integrada por varios cientos de participantes, jóvenes en su mayoría, que había discurrido el día anterior por los alrededores del centro de la ciudad, manteniendo durante un largo trecho la calma y la disciplina. La manifestación pretendía llamar la atención sobre la situación de los jóvenes en paro, cuyo número había crecido de manera alarmante durante el presente año, a la vista de lo cual las autoridades preveían un recrudecimiento del problema a corto plazo. Los enfrentamientos con la policía surgieron a raíz de la negativa de los jóvenes a obedecer las órdenes de aquélla de que debían atenerse estrictamente al itinerario previsto. Para evitar un caos del tráfico al finalizar la jornada laboral, la policía había disuelto acto seguido la manifestación, viéndose obligada a utilizar las porras para quebrar la resistencia generalizada de los manifestantes. Habían sido detenidos quince manifestantes, además de la del cabecilla de la manifestación, un estudiante llamado Rolf S., que habían sido conducidos a comisaría para tomarles declaración y que tras un breve interrogatorio y ser fichados habían sido puestos en libertad.

Hasta ese momento no había en el artículo nada que pudiera molestar o sacar de sus casillas a Bern. Pero llegó a los últimos párrafos:

«Sobre las cabezas de estos jóvenes ondeaban banderas rojas. Según afirman, ellos pretendían únicamente llamar la atención sobre su actual situación de necesidad y exigir ayuda. Sin embargo, lo hacían enarbolando la bandera de la revolución y sin respetar las leyes. No sabemos aún si se trataba de una manifestación de jóvenes, comunistas en su mayoría, o si el comprensible descontento de la juventud ha sido atizado y manipulado con premeditación y alevosía para perseguir objetivos político-partidistas de la izquierda. Hay un dato seguro: no todos los manifestantes eran jóvenes directamente afectados por las circunstancias denunciadas. También participaron un gran número de escolares y estudiantes que se vieron envueltos en los incidentes.

»Dado que el estudiante Rolf S. es conocido sobre todo por su activismo en los círculos universitarios, se agudiza la sospecha de que se trató de una provocación deliberada, cuyo alcance no acertaron a apreciar presumiblemente los propios manifestantes.

»Los acontecimientos de ayer demuestran hasta qué punto la situación generada por la recesión y el amplio descontento resultante de ella amenazan con convertirse en el detonante de un conflicto de mayores proporciones. El descontento de la juventud es susceptible de ser atizado por elementos izquierdistas hasta convertirse en un incendio al calor del cual podrán cocinar sus sopitas radicales sin escrúpulos, pero al mismo tiempo se corre el riesgo de avivar el rescoldo de aquella revolución que esas fuerzas políticas quieren despertar a toda costa.

»¡Pobre juventud la de nuestro país, manipulada y alejada de los bancos de trabajo!

»¡Aquí está a punto de suceder algo!»

—¿Me oyes? ¡No te olvides de ir al periódico! ¡Me encantaría tener esa foto!

Bernd hizo un gesto de enfado.

—Sí, sí, de acuerdo, aunque en el fondo tampoco es tan importante. ¿Lo has leído? La prensa escribe también que está a punto de suceder algo. ¡Es justo lo que nosotros pretendíamos! Todo lo referente a la manipulación, a los objetivos político-partidistas, a los comunistas y demás, no son más que tonterías. Rolf es un hombre como es debido. Sólo quería que la gente viera lo que está pasando, y lo hemos conseguido.

—¡Sí, y tú, además, un hermoso chichón! —añadió su madre—. Por cierto, que hoy está muy colorista: azul, verde, amarillo y un poco rojizo en los bordes. Deberíamos sacarle una foto en color para que tú lo contemplaras siempre que volvieran a pasarte tonterías por la cabeza.

—¡No eran tonterías!

—¿Irte corriendo con un comunista?

—¡Rolf no es un comunista!

—Pues nadie lo diría. Pienso recortar por completo su figura. Sólo quiero tenerte a ti. ¿Te pongo una tirita por encima del chichón? Eso te permitiría disculparte diciendo que es un grano o algo parecido. Tiene muy mal aspecto. La gente te va a tomar por un matón...

—No. Así está bien.

Aunque no lo reconocía, Bernhard sentía en el fondo una pizca de orgullo.

—¡Me encantaría estar presente cuando tu padre lea el periódico en el trabajo y oír sus comentarios! —exclamó la madre—. ¡La foto es realmente maravillosa!

32

Por la tarde, al pasar frente al edificio del periódico, Bernhard se detuvo a contemplar su foto en el escaparate. Había salido muy bien. Tenía razón su madre. Un rato antes, cuando iba camino del periódico en el autobús, cinco personas al menos le habían hablado del mismo tema. No se había hecho famoso de la noche a la mañana, pero ciertamente sí había llamado la atención.

De repente, Bernhard se fijó en el artículo de la página contigua. Aquella mañana, su madre y él no le habían prestado atención porque sólo les interesaba la crónica de la manifestación y la fotografía.

El otro artículo no resultaba tan llamativo, porque no era una noticia a dos columnas, sino una reseña breve y sin fotografías. En la segunda página de la información local se leía:

«Detenidos dos jóvenes ladrones.

»La policía consiguió detener ayer a dos jóvenes que acababan de obligar a un pensionista de 68 años a entregarles con amenazas su cartera en la que llevaba apenas 12 marcos. La asustada víctima avisó inmediatamente a la policía y proporcionó una descripción muy exacta de los autores. Quince minutos más tarde fueron detenidos los dos adolescentes, que aún permanecían en las inmediaciones del parque.»

«¿Habrán sido Uwe y Bodo?» En cuanto este pensamiento le pasó por la cabeza, Bernhard reconoció con asombro que no le cabía duda alguna al respecto. Leyó las siguientes líneas con impaciencia:

«Dado que la policía había recibido durante los últimos días varias denuncias de acciones similares, se sospecha que éstas han sido asimismo cometidas por los dos detenidos. Se trata de Uwe T., de 15 años, y de Bodo R., de 17, ambos sin profesión conocida y, hasta la fecha, también sin antecedentes.

»Los detenidos serán puestos hoy a disposición judicial.»

En efecto: ¡Bodo y Uwe! ¡No podía creerlo! Bernd apenas conocía a Bodo, sólo le había visto una vez, así que no le sorprendía. Pero Uwe... Durante años habían ido juntos al colegio, y Uwe siempre había sido un buen chico. Nunca había ido más allá de los límites de las travesuras habituales más o menos tontas. Siempre había sido un compañero en quien se podía confiar. En la escuela nadie le hubiera creído capaz de hacer algo como lo que se leía en el periódico. «¡Con amenazas!» Si era cierto, se trataba de un auténtico robo con intimidación. ¿Será entonces Uwe un atracador? Mi amigo Uwe... Bueno, quizás no haya llegado a tanto. Más bien compañero de colegio, amigo de esa época, qué sé yo... De todas maneras, ¿Uwe un atracador?

¿Por qué?

¿Cómo habrá llegado a eso?

Todo tiene un motivo, un motivo claro e inteligible aunque no se apruebe. Si en cuanto finalizó la escuela hubiera encontrado una plaza de aprendiz, quizás...

Ahora bien: ¿acaso por no tener trabajo hemos de comenzar a asaltar ancianos para quitarles el dinero? ¡No! ¡Eso no justifica nada, maldita sea! ¡Uno no tiene por qué convertirse en un delincuente sólo porque no puede ser otra cosa!

¿O sí...?

Bernd sentía miedo en su interior. Un miedo vago, imperceptible casi, indefinible e inexpresable. Un vago sentimiento de angustia, de temor, de inseguridad...

¡Tonterías! Aunque Uwe... Eso no significaba ni mucho menos que cualquiera..., que él mismo...

Bernhard no era uno de esos muchachos que vivían en un fulgurante mundo imaginario. Nunca se había imaginado a sí mismo siendo actor de cine, ni un famoso ídolo de la música pop, ni un gran empresario, ni campeón mundial de los pesos pesados, un superman en definitiva. Sus inmersiones en el futuro siempre se habían caracterizado por su mayor o menor dosis de realismo; sus deseos profesionales, excepción hecha de fantasías propias de su edad, resultaban muy cotidianos: conductor del camión de la basura, cartero, labrador, astronauta, ladrón (sí, también, aunque tal deseo duró poco y además por entonces él contaba 8 ó 9 años), maestro, policía, cazador, repostero, ajustador, mecánico especialista.

Jamás había soñado con poseer una de esas casas parecidas a los palacios de las películas americanas, ni un coche con un maletero de dos metros y un capó de otro tanto. Sus ideas referentes al futuro podían considerarse siempre sólidas y razonables: convertirse en mecánico especialista, de los mejores a ser posible, con un empleo fijo y un sueldo seguro, una mujer que únicamente volviera a trabajar cuando los dos niños fueran ya mayorcitos, una casa, ni grande ni pequeña, no muy lujosa pero sí confortable...

¿Era pedir demasiado? ¿Sería él, Bernhard Willnow, un lunático con las meninges reblandecidas por imaginarse así su vida futura?

En fin, Bernhard tampoco sabía cómo se había imaginado Uwe su futuro. Quizás no difería demasiado de sus propias fantasías.

No obstante, ¿figurarían también dentro de sus visiones de futuro el atraco, la puesta a disposición judicial y la cárcel? Cuando a uno no le dejan ser lo que desea, ¿se convierte por fuerza en lo que no desea?

¡Bah! ¡Bobadas!

Sí, bobadas, aunque dentro, muy dentro de Bernhard, quedaba un resquicio de miedo y la incertidumbre de si Uwe era el único culpable de su acción. Si lo que afirmaba el periódico era cierto, sin duda era culpable. Su comportamiento conducía a un camino sin salida, de eso no cabía duda. Pero

¿existía quizás en él otro tipo de culpabilidad de la que no se le podía responsabilizar?

¿A quién entonces?

33

—¡Eh, Karlheinz! ¡Que vayas a ver a Seeger! —le gritó al pasar uno de los embaladores con una expresión en la que se adivinaba cierta malicia—. ¿Qué has hecho? Parecía fuera de sí.

—¡No digas estupideces! —le contestó Karlheinz Willnow mientras plegaba el papel de su bocadillo—. ¿Qué le voy a hacer yo? Necesitará ir a algún lado y quiere que yo le lleve en coche...

Mientras se dirigía a la oficina del gerente, Willnow padre pensó que seguramente se trataba de algo relacionado con su hijo. A lo mejor quedaba aún algún detalle insignificante que discutir, a pesar de que él ya lo había aclarado todo con el señor Scheffer, del departamento de personal.

—Perdón, señor Seeger, ¿deseaba verme? —preguntó al entrar.

Sobre la mesa de despacho reposaba el periódico del día.

—¡Ah, Willnow, es usted...! ¿Lo ha visto ya?

El gerente desplegó el periódico y señaló una fotografía. Karlheinz se acercó, se inclinó sobre la mesa, tanteó con los dedos hasta extraer de su bolsillo un estuche, se puso las gafas y observó la foto.

—¡Pero si es Berni...! No, aún no la había visto. Cuando yo salgo de casa por la mañana, todavía no han repartido los periódicos.

—Entonces se trata de su hijo, ¿no? Ya lo sabía, pero quería que usted me lo confirmara.

—Pues claro que es mi Bernhard. La foto

debieron de sacársela en la manifestación a la que él acudió. Justo... Aquí lo dice...

El gerente enarcó las cejas.

—Por lo que veo, no parece impresionarle lo más mínimo, ¿me equivoco?

—No, no se equivoca —respondió Willnow riendo—. ¿Creía usted que me iba a desmayar por ver la fotografía de mi hijo en la prensa? Es preciosa, ¿verdad? Gracias por habérmela enseñado.

—Oiga, Willnow, o no me entiende o no quiere entenderme. La calidad de la foto no me interesa en absoluto. Nosotros habíamos acordado que su hijo comenzase a trabajar en la empresa. Era una deferencia por nuestra parte, una especie de favor personal a usted por el tiempo que lleva en la firma. Ahora, a la vista de lo sucedido, me entran serias dudas...

—¿Por qué? —inquirió Willnow, que no salía de su asombro—. ¿Qué tiene que ver con ese asunto la foto del periódico?

—Coincidirá usted conmigo, Willnow, en que una de las características de nuestra firma ha sido siempre la tranquilidad y el orden. En nuestra empresa disfrutamos de un ambiente agradable en extremo, si exceptuamos los pequeños roces habituales que jamás han desembocado en tensiones serias. Ojalá reinase en todo el país la paz laboral que reina en nuestra empresa. ¿Está de acuerdo conmigo?

—Por supuesto, señor Seeger, tiene usted razón, pero...

—¿Se da cuenta? Yo soy el responsable de mantener ese ambiente que se respira en nuestra empresa, de que en ella se pueda seguir trabajando sin perturbaciones. Y esto lo hago tanto por el interés de la dirección de esta casa como por el de cada uno de nuestros trabajadores y empleados. En consecuencia, opino que no sería una medida acertada darle trabajo a su hijo y meter dentro de nuestra casa esa agitación que hasta el momento hemos logrado mantener fuera. Hay que ser un estúpido para tirar piedras contra el propio tejado...

—¡Señor Seeger! —exclamó Willnow mientras buscaba las palabras más apropiadas—. ¡No me habrá dicho en serio lo de las piedras...! Se equivoca usted de medio a medio con mi Bernd. Él no va a quebrar la tranquilidad de esta casa... ¿Por qué habría de hacerlo? Al contrario: está contento de haber encontrado trabajo y arde en deseos de empezar... Es cierto que él hubiera preferido otra cosa, pero comprende que hoy en día ya no se está en disposición de elegir, que más vale pájaro en mano que ciento volando. ¿Agitación? ¡No entiendo cómo le ha podido pasar por la imaginación esa idea...!

—Esto, Willnow, tiene toda la pinta de ser agitación —bramó el gerente martilleando la fotografía con el índice—. ¡Fíjese bien! ¡Ahí lo tiene, marchando cogidito del brazo de ese barbudo, conocido en toda la ciudad por sus afanes revolucionarios! ¿Y qué ondea en torno a su cabeza? Una bandera. ¿Cuál? ¡La bandera roja! No necesitamos una foto en color para saberlo. Observe su boca abierta, como si estuviera coreando alguna consigna. ¿Y qué clase de consigna? ¿Una que invitase a la tranquilidad, a la paz y al orden? ¿Gritando consignas de paz mientras aferra con las manos la bandera roja? ¿No lo creerá usted en serio, verdad Willnow?

—Bueno, señor Seeger, ya que me pide mi opinión se la diré: Bernd no está gritando, sino riéndose. Cualquiera lo distinguiría. Cuando se grita, la expresión es completamente diferente. Él está radiante, eso salta a la vista, no hay más que verlo. Alegre por...

—Sí, por caminar cogido del brazo de un radical y bajo una bandera roja... De acuerdo, por mí le doy la razón: él no grita consignas de lucha contra los empresarios, a los que al mismo tiempo exige un puesto de trabajo y un salario para poder vivir. ¡Todos esos tipos muerden la mano que los alimenta! Yo no meteré a alguien así en esta casa, Willnow. ¡Yo, no! Usted me conoce de sobra. Sabe que no soy un reaccionario, ni un hombre opuesto al progreso, ni un explotador. Sabe que siempre he abogado por la justicia social en la medida de mis posibilidades. ¡No me lo negará usted! ¡Bien! Lo que no estoy dispuesto a hacer es sembrar la discordia en esta casa y encima pagar esa labor con dinero de la empresa. ¡De ninguna manera! ¡Yo, no!

El gerente había ido acalorándose poco a poco, y al final de su parlamento, intentó contenerse, apartó a un lado el periódico y tras coger un documento, comenzó a leerlo. Transcurridos unos segundos, dijo a su interlocutor, sin mirarlo siquiera:

—Eso ha sido todo, Willnow. Puede usted marcharse. Vuelva a su trabajo. Ya he avisado al señor Scheffer de que nos resulta imposible emplear a su hijo en la empresa.

—Pero...

—Señor Willnow, estoy muy ocupado.

A Karlheinz Willnow no le quedó más remedio que salir del despacho.

34

Ya se encendiera la radio o el televisor, se abriera el periódico o una revista, uno podía tener la absoluta seguridad de que oiría, vería o leería algo sobre la situación de los jóvenes en paro. Pero eso no contribuía a alegrar o a infundir nuevas esperanzas a los afectados. Al contra rio. La situación, no se cansaban de repetir todos los medios de comunicación, no mejorará durante los próximos años, sino que quizás se deteriore más, a pesar de los denodados esfuerzos del Gobierno Federal por crear nuevas plazas de formación profesional. La situación de los jóvenes, no obstante, no era achacable únicamente a la recesión económica, sino a una confluencia de factores que generaba una serie de circunstancias desfavorables en su conjunto para los jóvenes que finalizaban la etapa escolar.

En primer lugar, la evolución económica de los últimos años había provocado en las empresas una tendencia creciente hacia la racionalización. La mecanización progresiva de los procesos de trabajo, el empleo del procesamiento de datos y la aplicación de nuevas tecnologías determinaban en el fondo y garantizaban una producción estable con una disminución de las fuerzas de trabajo.

Además, la recesión económica tenía otra consecuencia lógica: ahora las empresas se pensaban dos veces cada gesto y cada nueva contratación. El lápiz rojo se había erigido en el instrumento básico de los directivos empresariales.

En tercer lugar, era evidente que, a pesar de la intención muy loable del legislador, las nuevas disposiciones y leyes referidas a la formación profesional no redundaban en el bienestar de la juventud. Antes bien, los innumerables requisitos exigidos para autorizar y reconocer la formación profesional habían condenado a muchas empresas pequeñas y medianas a no tener aprendices, por no disponer de maestros debidamente cualificados.

Todas estas trabas y obstáculos, ya de por sí enormes, se acentuaban e intensificaban porque cada vez era mayor el número de jóvenes que demandaba formación profesional.

Cierto que en los últimos años había acaecido

el fenómeno llamado «inflexión de la natalidad como consecuencia de la píldora», merced al cual la tasa anual de nacimientos había disminuido de modo notable. No obstante, este hecho no suponía mejora alguna de la situación del mercado de aprendices, porque las promociones de los años de baja natalidad estaban ingresando en el momento actual en las escuelas primarias. Quiere esto decir que hasta comienzos de la década de los ochenta finalizarían la escolaridad promociones muy nutridas, procedentes de los períodos de alta natalidad. Aun cuando el comercio, los artesanos, la Administración y la industria mantuvieran estable la oferta numérica de plazas formativas, faltarían puestos debido a la creciente demanda por aumento del número de solicitantes. Aquí confluía otro importante factor. La eficaz propaganda dirigida durante años a mejorar la calidad de la enseñanza escolar había conducido a elevar el bagaje cultural de los jóvenes que abandonaban las escuelas. Esto había provocado en principio una masificación de las universidades que impulsó a implantar de nuevo el numerus clausus. Como consecuencia, los bachilleres que no lograban ingresar en la universidad, irrumpían ahora con fuerza en el campo de la formación profesional, reservado a estudiantes que no podían acceder a estudios superiores. A su vez, los estudiantes de formación profesional, expulsados paulatinamente de sus profesiones tradicionales, se contentaban hoy con una formación antes adquirida casi exclusivamente por los alumnos del bachillerato elemental, y éstos, a su vez, bueno, se habían tenido que contentar con las migajas...

El discurso ofrecía en ocasiones tintes científicos, populares otras; algunas veces constituía una denuncia, en otras, una mera explicación; algunos responsabilizaban al Gobierno, otros, a la economía. Pero nadie alimentaba ni siquiera un rayo de esperanza.

Los presidentes de las Cámaras de Comercio e Industria argumentaban que con la buena voluntad de todas las partes afectadas se conseguiría crear de nuevo plazas formativas; los directores de las Oficinas de Empleo se quejaban de una oferta a todas luces insuficiente. Por otro lado, las medidas de promoción profesional implantadas por el Instituto Federal de Empleo recibían buena acogida por parte de los jóvenes, y se había demostrado que los jóvenes así preparados para ejercer su profesión eran admitidos de buena gana por las empresas. Las constructoras se quejaban de que por más que buscaban aprendices de albañil, no los encontraban.

En un programa de radio realizado por aprendices se escuchó: «Hace unos años, cuando lo único que se nos exigía durante el primer año de aprendizaje consistía en traer la cerveza, barrer el taller, cuidar bebés o lavar el coche del jefe, aún nos quedaba el recurso de la protesta para insistir en que nos dieran una verdadera formación. De hecho nuestras protestas, expuestas públicamente y con energía, provocaron en muchos casos una mejora de la situación. Hoy en día cualquiera se alegra pura y simplemente por haber conseguido una plaza de formación profesional. Las protestas se han acabado. Hoy se traga con carros y carretas. Aunque se encontrara un joven dispuesto a convertirse en portavoz de sus compañeros, no podría contar con la solidaridad de éstos. Nadie se va de la lengua. La protesta ha sido ahogada por temor a verse en la calle y no encontrar otro trabajo. Nuestros abuelos solían decir: "La necesidad enseña a rezar." Este refrán, traducido al lenguaje actual, diría: "La necesidad enseña a mantener el pico cerrado."»

35

—Bien, de acuerdo. No soy un monstruo insensible. Transigiré una vez más —había afirmado el gerente señor Seeger cuando Willnow padre le visitó acompañado por el delegado del comité de empresa—. Nadie podrá reprocharme que he pretendido arrebatar sus privilegios legales a una persona, aunque se trate de un jovencito imberbe. Si usted opina que lo que hizo ese granuja tiene algo que ver con la libertad de opinión, allá usted, por mí que no quede. Ahora bien, como delegado del comité de empresa —el gerente levantó el dedo con gesto admonitorio— usted, señor Myers, es tan responsable como yo de que reine la paz y la tranquilidad aquí dentro. Lo sabe de sobra. Si mis temores se confirmasen, si con este jovencito llamado Willnow estuviéramos tirando piedras contra nuestro propio tejado, no diga después que no se lo he advertido y aténgase a las consecuencias.

Myers asintió en silencio.

—Envíeme a su chico —continuó el gerente— para que cruce unas palabritas con él, ¿entendido?

El padre se apresuró a prometérselo.

Bern, obligado por su madre a ponerse el traje y a ir a la peluquería el día anterior, entró en el despacho del gerente. Éste, sentado tras la mesa de despacho con las gafas ligeramente caídas, contempló al joven por encima de su montura.

—Supongo que tu padre te habrá comentado que he aceptado tu contratación con enormes reparos por mi parte, ¿no?

Bernd, confundido, asintió con un gesto.

—Nosotros somos una empresa, y en una empresa lo que se hace es trabajar, no agitación política. ¿Entendido?

Nuevo asentimiento de Bernd.

—Cuando el conjunto de la empresa marcha bien porque la cartera de pedidos está a tope, el trabajo transcurre sin fricciones y los clientes pagan bien, entonces todos los miembros de nuestra familia empresarial se benefician. Aquí todos somos una parte del conjunto: cuando el conjunto enferma, todos sus miembros padecen el mal. ¿Eres capaz de comprenderlo?

El muchacho asintió.

—Pero si una parte cae enferma, si en alguno de sus colaboradores existe algo podrido, la enfermedad puede extenderse a la totalidad de la empresa, contagiarla, corromperla y aniquilarla. Pero eso —el gerente se enderezó, miró a Bernd con ojos penetrantes y golpeó el tablero de la mesa con el dedo índice—, eso lo impediremos con todos los medios a nuestro alcance. ¡En nuestra empresa no hay sitio para intrigas comunistas!

—Pero si yo no soy…

—Por favor, no me interrumpas. Tampoco para esa estupidez de la planificación socialista. El que compra, paga, y el que paga, manda. Este viejo dicho, sabio y cierto, es aplicable punto por punto a nuestra empresa. Aquí reina un orden probado por la experiencia, y no vamos a permitir que una experimentación inmadura lo destruya. ¿Lo has entendido?

—Yo no pretendo destruir nada —musitó Bernd—. Lo único que pretendo es trabajar…

—¡Eso espero! El hecho de que te hayamos colocado no quiere decir que el matrimonio sea de por vida. En principio tendrás que superar el período de prueba, aunque luego, si defraudas las esperanzas que depositamos en todos nuestros colaboradores, nos desharemos de ti con la misma rapidez. —El gerente se levantó y le tendió la mano al muchacho—. Basta ya de charla. Olvidemos todos los reparos e iniciemos una colaboración razonable, ¿no te parece? Tu padre lleva demasiado tiempo con nosotros. ¡Qué hombre tan honrado, tan fiable...! Imagino que te darás cuenta de que si te hemos contratado ha sido por hacerle un favor a tu padre, ¿verdad?

Bernd asintió.

—Esfuérzate por convertirte en un colaborador tan valioso como él: puntual, digno de confianza, dispuesto siempre a echar una mano sin preocuparse demasiado del reloj... ¡No pienso quitarte el ojo de encima!

—Sí, señor Seeger.

36

Los periódicos volvían a hablar de Uwe y Bodo. Afirmaban que las víctimas de ocho atracos habían identificado sin sombra de duda a los adolescentes como los autores. Mientras que Bodo R., de diecisiete años, seguía negando los hechos, Uwe T., de quince, había hecho una confesión detallada. Como había que continuar con las diligencias y había peligro de entorpecer las investigaciones judiciales en curso, el juez había decretado el ingreso en prisión de los dos jóvenes atracadores.

Se invitaba asimismo a aquellas personas que en los últimos tiempos hubieran sido víctimas de dichos atracadores y hasta el momento, por el motivo que fuera, no lo hubieran denunciado, a presentarse en la comisaría y colaborar con la policía.

Bernd, al toparse en la calle con el hermano de Uwe, que contaba diez años, le preguntó:

—Bueno, ¿y qué tal le va a Uwe?

El pequeño se puso colorado, desvió la vista y respondió:

—Está en casa. El Uwe T. del que hablan los

periódicos no es él, claro que no. Tú sabes perfectamente que mi hermano sería incapaz de hacer algo así...

Y dirigió una mirada tan suplicante a Bernd que éste se apresuró a contestar con una sonrisa:

—Por supuesto que no. Le conozco. Salúdale de mi parte, ¿vale?

Y después de tantos años, Bernd volvió a pensar que le hubiera encantado tener un hermano pequeño.

37

—Lo sé, Berni, lo de la facturación con el empaquetado y todo lo demás, no es lo que tú habías soñado. Lo entiendo. Punto por punto. Pero al menos se trata de un trabajo. Es como meter un pie entre el marco y la puerta, ¿me comprendes?

—No.

—Pues es muy sencillo. —Willnow padre se sirvió una cerveza, buscó sus cerillas, y al no encontrarlas cejó en su empeño con un encogimiento de hombros—. Cuando uno ha llamado para ver a unas personas y éstas no abren más que una ranura de la puerta, dando a entender que no desean dejarte entrar, se empieza por introducir un pie entre la puerta y el marco. No has entrado aún, eso es cierto, pero los del interior tampoco pueden cerrar la puerta, y mientras la puerta no se cierre del todo, siempre te queda la esperanza de que al final acabarán por franquearte el paso, ¿verdad?

Bernhard estaba en la cocina con el torso desnudo. La inscripción «Monika» de su pecho se había desvaído ya, y apenas se podía leer, a no ser que se conociera de antemano.

El joven se puso la camiseta pasándosela por la cabeza y contestó:

—¿Cómo voy a progresar allí? ¿Me lo quieres decir? Ahora me dedicaré a hacer paquetitos y quizás un día me asciendan y me convierta en el jefe de paquetería. Si crees que estoy dispuesto a pasarme la vida trabajando en eso, te equivocas, ¡te lo juro!

Su padre se limpió la boca con el dorso de la mano.

—Mira, Bernd, tú no aprecias las cosas en todo su valor. Escucha, ahora perteneces a la firma. Preparas tus paquetitos, bien. Quizás tú no te lo imagines, pero te observan, créeme. Todo depende ya de que las personas adecuadas aprecien en el momento adecuado tu labor y digan: «Fíjate en Bernhard Willnow, qué bien lo hace. Es limpio, concienzudo y trabajador.» Entonces, cuando quede vacante un puesto mejor, los de arriba pensarán: «Un momento, aún contamos con ese Willnow...» ¡Si de verdad te esfuerzas, progresarás en nuestra empresa!

—Venga...

—Créeme, hijo. Al fin y al cabo llevo tanto tiempo en el negocio que me he convertido en un auténtico experto.

—¿Y qué? ¿Has progresado tú? Chófer eras desde mi primer recuerdo, chófer eres hoy y chófer seguirás siendo en el futuro.

—Pero en cierto modo yo tengo un puesto de confianza. En la empresa yo conozco muchos asuntos que ignoran bastantes jefes de sección. Cuando llevo al jefe o al gerente, no puedo evitar oír cosas; ellos saben perfectamente que conmigo no necesitan adoptar precauciones. En mi presencia se sienten tan libres como a solas...

—Eso es lo que ocurre: que es como si estuvieran solos.

—Vamos, Berni, sabes que no hablo en ese sentido. No malinterpretes mis palabras, ni seas tan tozudo. Ellos te han admitido, a pesar de no desearlo en absoluto. ¿Se han portado decentemente o no? Reconócelo. En consecuencia, debes esforzarte por cumplir con tu trabajo y demostrar así tu agradecimiento.

Bernhard se puso el jersey.

—Yo no pienso quedarme toda la vida como obrero no cualificado. Yo quiero una plaza de aprendiz. Aunque no sé, no sé... Quizás me apunte a la policía o me reenganche al ejército.

El padre se impacientó.

—¡Qué plaza de aprendiz ni qué ocho cuartos! Llevo meses oyendo la misma cantinela. Uno también tiene derecho a sentirse satisfecho alguna vez, de manera que si quieres una plaza de aprendiz, sal y búscala tú. Yo ya he hecho cuanto he podido.

—¡Imposible! ¡Me falta tiempo! He de hacer paquetitos. No obstante, ten la seguridad de que continuaré mi búsqueda. Tarde o temprano encontraré algo.

—¿Y cómo te las vas a arreglar?

—Pondré anuncios. Uno por semana, si es necesario. Alguna vez tendrán que contestarme, y entonces aceptaré cualquier plaza de aprendiz que me ofrezcan, siempre que sea una verdadera plaza de aprendiz, sin tener en cuenta la profesión a la que pertenece.

—Te costará un montón de dinero, pero no sacarás nada en limpio.

—El dinero me lo gano yo. Unas pocas pelas en la empresa y el resto como camarero en la cervecería de Vatti... No me va nada mal, créeme. Si te hace falta, puedo prestarte...

—Llevo mucho tiempo deseando decirte que no me gusta un pimiento que trabajes en casa de

Vatti. Al final, lo único que conseguirás es acostumbrarte a la bebida.

—Imposible. No me queda tiempo. Además, mientras estoy sirviendo sólo bebo cola. Adiós.

Cuando su madre entró en la habitación de Bernhard para adecentarla un poco, halló sobre la mesa un montón de notas manuscritas, arrugadas en su mayor parte, que ella alisó presa de la curiosidad.

En todas ellas podía leerse como encabezamiento: «Busco plaza de aprendiz». A partir de ahí resultaba evidente que su hijo había intentado una y otra vez encontrar una continuación efectista:

«...da igual del tipo que sea.»

«...a ser posible en el ramo del metal.»

«...con buenas perspectivas profesionales.»

Todas estas frases habían sido tachadas.

«Busco plaza de aprendiz, ofrezco...»

«¿Qué puede ofrecer él en realidad?», pensó su madre.

La escolarización obligatoria... Laboriosidad... Amor al orden... (En este punto su madre no pudo reprimir una sonrisa al contemplar la habitación)... Limpieza... Buena voluntad... Diligencia... Honradez...

¿Qué podía ofrecer realmente importante en definitiva?

38

Ya no veo a nadie. Por la mañana acudo con papá a la fábrica, por la tarde con papá a casa, por la noche vemos la televisión, a veces me paso un rato por la cervecería de Vatti a beber unos vasos y durante el fin de semana trabajo de camarero para ganarme unos billetes. Apenas veo a nadie.

Ayer, al ir a comprar tres barras de pan y doscientos gramos de longaniza para el capataz de la sección de embalaje, me topé con Rolf.

Se entusiasmó al verme y quiso saber por qué ya no me reunía con ellos.

—La lucha debe continuar —añadió—, y eso depende de todos nosotros. Todos hemos comprendido que eres un tipo de una pieza. Durante la manifestación te comportaste muy bien. Tú no tuviste miedo, como unos cuantos fanfarrones que se escaquearon en cuanto apareció el primer madero. ¡Necesitamos a gente como tú!

—¿Necesitamos? ¿Quién?

—El círculo, el grupo, los demás... —me respondió él.

—¿No hay por tanto ningún partido por enmedio? —pregunté yo.

—No irás a creer lo que han escrito los periódicos, ¿verdad? El asunto no guarda relación alguna con un partido. Se trata pura y simplemente de que personas con los mismos intereses se unen al margen de los partidos, inician un proceso de reflexión en común...

—¡Basta, no me sueltes uno de tus discursos! —le interrumpí—. Todo eso me lo sé de memoria, y, ¿en qué va a terminar? Yo he conseguido trabajo, ¿sabes? Una miseria de trabajo, es verdad, que casi no puede considerarse como tal. Pero es un trabajo al fin y al cabo, algo de lo que antes carecía y que encima me proporciona unos marcos. Si ahora me dedico a reunirme con otros y a darle al pico con ellos, quizás desde el punto de vista político sea una medida inteligente y acertada, qué sé yo, pero perderé mi trabajo y me quedaré sin esos marcos mensuales.

—No debes enjuiciar la situación desde una perspectiva tan limitada e individualista —protestó Rolf—. Ahí radica precisamente la debilidad de la clase obrera. Mientras no sea solidaria, mientras cada uno de sus miembros piense únicamente en sí mismo y en sus pequeños intereses, nada se conseguirá...

—Oye, Rolf, contéstame a una pregunta que nunca te he hecho hasta el momento: ¿qué estudias tú? Dicho con otras palabras: ¿qué vas a ser cuando termines?

—¿Qué relación tiene eso con nuestro asunto? —inquirió a su vez Rolf asombrado.

—Ninguna. Me interesa simplemente.

—Estudio Químicas. Cuarto curso. Cuando termine... ¿Sabes?, mi padre es dueño de una pequeña fábrica, y en el futuro deberé hacerme cargo de ella, aunque no estoy seguro si llegaré a dirigirla. Lo dudo, porque en principio...

—¡Vaya, vaya! ¿De manera que te convertirás en un auténtico empresario?

—Yo no diría tanto. Tan sólo en uno pequeño, mediano si acaso. No es una gran fábrica la nuestra. Cuenta hoy con sesenta o setenta obreros y empleados, número que no aumentará demasiado en el futuro. Nosotros jamás le llegaremos a la Hoechst ni a la suela de los zapatos.

Que estudiase Químicas me resultaba indiferente, y en realidad carecía de importancia. Cada cual puede hacer con su capa un sayo. Lo de la fábrica, sin embargo... Allí había algo que no encajaba.

—¿Qué sucede entonces —le pregunté— con la igualdad de intereses a los que antes te has referido? Quiero decir con ello que tú no deseas convertirte en un verdadero trabajador. ¿O me equivoco?

—Hombre, Bernd, estás volviendo a enjuiciar la situación desde una perspectiva limitada. Nuestros intereses pueden coincidir, aunque existan diferencias. En el fondo lo esencial es si el sistema...

—Por cierto, ¿cuántos aprendices habéis empleado este año en vuestra empresa? —le interrumpí de nuevo.

—No lo sé, la verdad. Yo no tengo nada que ver con la fábrica. La visito de tarde en tarde y no pertenezco ni por asomo a la dirección. Lo más que aparezco por allí es unos días durante las vacaciones. No, no tengo ni idea.

Acto seguido me despedí de él sin más preguntas. En el fondo de mi corazón sentía que durante las noches de discusión del grupo no había hecho otra cosa que perder el tiempo.

39

Un trozo de cartón duro. Una pinza metálica en el borde superior sujeta los resguardos de entrega a la base.

Treinta y una veces un aparato n.º 31002. La gente del almacén los ha depositado todos sin más en una enorme cesta y de ahí tienen que salir los treinta y un paquetitos.

Tamaño de la caja: 1.

La forma más rápida consiste en colocar a la vez sobre la mesa de embalar las treinta y una en fila. En cada caja hay que meter un puñado de virutas. Con el tiempo se aprende a coger en cada ocasión la cantidad adecuada.

En cada caja, un aparato n.º 31002. Me encantaría saber qué son en realidad. Parece una pieza de bombeo para agua. En el albarán de entrega, sin embargo, no figura el nombre del objeto, ni especifica para qué sirve. Tan sólo un número: 31002.

Encima de cada aparato número 31002, un puñado de virutas. Cogerlo. Meterlo dentro de la caja. Apretar. Bien.

Marcar los albaranes. Para ello lo mejor es situarlos sobre el cartón y escribir en el ángulo de la derecha «B. W.», para lo cual tan sólo hay que levantar con el pulgar humedecido las etiquetas de debajo. Podría ocurrir alguna vez que se colara un albarán con el número de otro aparato, pero seguro que los del almacén se darían cuenta porque ésos cogen los trastos de los estantes uno por uno y les asignan después su etiqueta particular.

Adhesivo para las direcciones en la esquina de la mesa. En la parte superior de cada caja, justo sobre las virutas, un albarán de entrega. Vigilar con cien ojos para que cada albarán llegue a su correspondiente receptor. La cosa marcha. Bien.

Sobre cada caja, una tapa. Los objetos que no hay que plegar primero con detalle ni sellar su base con cinta adhesiva son estupendos. Entonces la tarea se ejecuta en un abrir y cerrar de ojos.

Sacar la cinta adhesiva del rollo, de forma que se deslice sobre el rodillo mojado y se humedezca lo justo, que no se quede seca, pero tampoco empapada. Eso sí que exige práctica. Primero, una vuelta vertical para rodear el paquete. Luego, otra horizontal.

Colocar las etiquetas con la dirección encima. En ese punto no es preciso humedecer nada, sino presionarlas a conciencia con el puño empezando por un lateral para evitar las arrugas. El paquetito está terminado. A la cinta deslizante con él. Vedlo, allá va, hacia la estafeta de correos. Y el siguiente, y el otro, y el otro...

También puede hacerse el trabajo de otra forma: en cadena. Este método es mucho mejor. El primer paquete tarda un poco más en salir, es cierto, pero a partir de ese momento todo va sobre ruedas, sin interrupciones.

Theo, el del almacén, viene empujando otra carretilla hasta la zona de embalaje.

—Cuarenta y tres veces la referencia n.º 31417 —dice—, siempre de uno en uno. No necesitas revisarlos.

El manojo de albaranes de entrega son cogidos con la pinza metálica. El tamaño de caja es de nuevo el n.º 1.

Las mujeres situadas enfrente están cruzadas de brazos. Es curioso que hagan constantes pausas para dedicarse a hojear los catálogos de ventas por correspondencia de firmas como Klingel, Neckermann, Otto o Quelle. En el caso de Bernhard, en cuanto una de las carretas se queda medio vacía, ya está Theo apresurándose a empujar la próxima.

Bernhard, por su parte, no tiene nada que oponer. El trabajo es, sin duda, embrutecedor, pero de esa manera el tiempo transcurre más aprisa. Las raras ocasiones en que no tiene nada que hacer, se sienta con las mujeres. Entonces la situación resulta mucho más violenta. Ellas le miran como si fuera un portento. En la sección de embalaje, él es el único chico. El resto son mujeres. ¡Y menudas mujeres!

Uno siempre pensaba que esos chistes sucios del patio del colegio eran algo privativo de los chicos. ¡Craso error! Bernhard se enfadaba porque de vez en cuando no podía evitar ruborizarse. Las mujeres entonces mostraban una risa tan chillona y estridente que le atacaba los nervios.

¡Estúpidas!

A veces pasa su padre, que se detiene un momento junto a Bernhard y le pregunta:

—¿Qué tal va eso?

Bernd asiente con un movimiento de cabeza y responde:

—Bien, bien.

En cierta ocasión, justo cuando están juntos su padre y él, llega Walter, que se sitúa al otro extremo, al final de la cinta, y se dedica a franquear los paquetitos y a amontonarlos para expedirlos.

—Atiende un minuto —dice—. Esta etiqueta no vale. Tiene una esquina suelta y si se le mete cualquier cosa debajo se caerá la dirección. Entonces correos no sabrá su destino y nos lo devolverá con las consiguientes molestias, y todo eso cuesta dinero, ¿no es cierto? Procura, por tanto, ser más cuidadoso. No pretendo criticar por criticar, pero las cosas no son tan fáciles como parecen. Primero hay que aprender. En fin, lo que quiero decirte es que seas un poco más cuidadoso, ¿de acuerdo, Bernd? No, no. Déjalo. La esquina la pegaré yo mismo —y se marcha de nuevo con su paso renqueante.

El padre, dirigiendo a su hijo una mirada de reproche, aduce:

—Lleva razón, ¿no te parece, Berni?

—¡Bah, tonterías! Porque una esquinita entre mil no quede perfectamente pegada…

—No hables así. Todo depende precisamente de menudencias como ésa. Si quieres llegar a ser algo aquí…

—¡Es que no quiero, gracias!

Willnow padre se aleja meneando la cabeza mientras Bernhard coge el siguiente montón de albaranes de entrega.

40

La noticia venía en los periódicos. Los dos atracadores juveniles Bodo R. y Uwe T. habían sido condenados por los Tribunales Tutelares de Menores a penas de internamiento de duración indefinida. Lo cual significaba un año por lo menos.

Bernhard no consigue imaginárselo: estar encerrado, no poder hacer o dejar de hacer lo que a uno le dé la gana…

No, no es eso. Ni siquiera él puede hacer o dejar de hacer lo que le dé la gana. Lo suyo son los paquetes, aunque no le apetezca un pimiento. Sin embargo, cuando a las cuatro y media de la tarde acaba la jornada, él puede darse un paseo, o beberse una cerveza en el establecimiento de Vatti, o sentarse ante el televisor...

Al día siguiente de haberse publicado en la prensa la noticia, Bernd volvió a encontrarse con el hermano pequeño de Uwe. Éste desvió la mirada e intentó pasar de largo, pero Bernhard le detuvo agarrándole por la manga.

—Oye, ¿cómo te llamas?

—Dieter —respondió el otro de mala gana.

—Escucha, Dieter. Cuando tú o tu madre escribáis a Uwe...

El pequeño rechazó con energía semejante hipótesis.

—Ya te dije una vez que ese Uwe del periódico no es mi hermano.

Bernhard esbozó una sonrisa.

—Está bien, está bien. Supongamos por un momento que lo fuera, ¿vale? Supongamos entonces que Uwe se encuentra en una cárcel de menores; tú le escribirías, ¿no? Bien. A él le alegraría saber que todavía hay un par de viejos colegas que se interesan por él, ¿no crees? Lo que deseaba decirte es que le des un fuerte abrazo de mi parte y que le digas que espero no le resulte demasiado duro.

—Así lo haré.

Pero en cuanto hubo pronunciado estas palabras, Dieter notó que se había ido de la lengua y empezó a mostrarse inseguro.

—Tranquilo —dijo Bernd—. Sé lo que te pasa. Seguro que en el colegio te has cabreado ya miles de veces por este asunto, ¿verdad?

Dieter se mordió el labio inferior y asintió en silencio.

—Procura no hacerles caso —le aconsejó Bernhard—. Mira, yo conozco a tu hermano desde hace tiempo. No tanto ni tan a fondo como tú, claro, pero sí bastante bien. Por eso sé que aunque Uwe haya hecho un disparate, que lo ha hecho, hay que reconocerlo; o sea, aunque no estuviera nada bien su acción, yo sigo teniendo la impresión de que en realidad Uwe no es un mal tipo. Nadie me convencerá de lo contrario. Porque le conozco. Tú también y tampoco cambiarás de opinión, de manera que ya somos dos. En cuanto a los demás, ¡déjalos que hablen! Si se pasan o actúan con malicia y no aciertas a defenderte de ellos, avísame, ¿de acuerdo? Ya me encargaré yo de atizarles un puñetazo en la nariz para que se estén calladitos. ¿Está claro?

Dieter asintió, esbozó una ligera sonrisa y añadió:

—Como si fueras mi hermano mayor, ¿eh?

—Exacto. Mientras Uwe no esté, yo soy su sustituto, ¿de acuerdo?

Dieter asintió con expresión de absoluta felicidad. Bernd siguió su camino, y al rato oyó de repente unos pasos a sus espaldas. Al volverse vio a Dieter que venía corriendo sin aliento.

—¡Oye, hermano mayor! —le gritó antes de alcanzarle—. ¿Cómo te llamas?

41

¡Allí no me iban a facilitar las cosas! Llevaba ya unas semanas en mi empresa dedicado por entero a mis paquetitos cuando por fin se me ocurrió una idea. ¡Valiente estupidez! Este trabajo no conduce a nada. Es un callejón sin salida.

Puse mi anuncio tres veces, pero nadie me contestó, así que abandoné el asunto porque era tirar el dinero.

¿Acaso debo darme por satisfecho con mis paquetitos y con soñar en ascender un día en la sección de embalajes hasta convertirme en el operario situado al extremo de la cinta que deja los paquetes listos para el correo? ¿Continuar así durante toda la vida?

¡No, gracias!

El quid de toda la historia radicaba en que yo había salido del colegio en el momento más inoportuno. O demasiado tarde o demasiado pronto, según se mire. Demasiado tarde, porque un par de años atrás las empresas aún se nos disputaban. Entonces hubiera resultado imposible quedarse sin plaza de aprendiz. Demasiado pronto, porque ¿qué podía ofrecer yo en realidad?

Debiera haber asistido más tiempo a la escuela. Aprender más. Esto sonaba muy convincente, pero ¿era cierto? Los alumnos de bachiller superior todavía conseguían plazas de aprendiz. La situación más miserable la estábamos viviendo nosotros, los de educación primaria, por no hablar de los alumnos de enseñanzas especiales; luego venían los de bachillerato, que llevaban sentados en bancos de colegio trece años por lo menos, a pesar de lo cual no podían convertirse en lo que realmente les gustaba.

Cuando llegó el momento, no me decidí. Mejor dicho, me negué. Además yo no era una lumbrera, sino un alumno corriente y moliente, uno más del montón. Sencillamente: tenía miedo de no lograrlo, de verme obligado a desistir. No me apetecía lo más mínimo que los demás se alegraran por el fracaso ajeno y se burlaran de mí.

¡En el fondo me comporté como un imbécil!

A decir verdad tampoco soy más tonto que mis compañeros de curso que iniciaron el bachillerato y hoy siguen estudiando. Si hubiera hecho codos en serio, si me hubiera esforzado un poco, creo que lo hubiera logrado. ¡Claro que sí! ¿Por qué no?

En alguna zona del camino yo he sufrido un cambio de vía fatal.

Bueno, ¿y qué? El hecho de que en la actualidad vaya por una vía equivocada no significa que deba seguir eternamente el camino erróneo. Mi tren también es capaz de retroceder hasta el cambio de agujas...

Imposible. No puedo regresar a los diez años únicamente porque en esa época algo salió mal.

No obstante, un tren que rueda por una vía equivocada puede continuar hasta el próximo cambio de agujas, y una vez allí elegir la dirección justa. Esto supone un rodeo, pero de esa manera el tren acabará llegando a la meta acertada, aunque sea por otro camino y con un poco de retraso.

¡Debía ser posible algo así!

De modo que una mañana pedí dos horas libres —sin avisar a papá— y me encaminé al Instituto. La suerte me acompañó. Era la hora del recreo y conseguí ver al director.

Éste me recibió con suma amabilidad. Escuchó mi historia, asintió con la cabeza un par de veces y luego me dijo:

—Como es lógico, no sé si estás en condiciones de aprobar el bachillerato. Para asegurarlo con certeza habría que hacerte un examen más concienzudo. Una cosa es segura: has terminado octavo de educación primaria hace ya un par de meses. No creas que vamos a integrarte ahora automáticamente en el bachillerato, porque quizás no lo aprobaras aunque te esforzases al máximo. Careces de los requisitos previos. Es preferible no hacerte concebir esperanzas, porque después te costaría una decepción mayor. ¿Qué te parece asistir a las clases nocturnas?

Lo que me contó de las clases nocturnas carecía en principio de atractivo. Trabajar el día entero como hasta ese momento, dedicarme a mis paquetitos durante ocho horas, y encima asistir cuatro días a la semana a clases nocturnas. ¡Durante tres años!

¿Y qué hacer después?

El asunto, sin embargo, me resultó atractivo. No veo por qué no he de conseguir yo lo que ya han conseguido otros. ¡Sólo tengo que esforzarme!

Total, ¿qué puedo perder?

42

—¿Tienes que hacerlo esta noche?

La madre de Willnow asomó la cabeza a la habitación de su hijo, llena de preocupación. Eran las once y el muchacho seguía inclinado sobre el cuaderno escribiendo sin parar.

—Sí, mamá. Sin falta. Son los deberes.

—A la larga no lo aguantarás, Berni. Te vas a destrozar y el asunto no merece tanto. De verdad que no.

—Resistiré. Ahora, por favor, déjame tranquilo o terminaré aún más tarde.

Ella penetró en el cuarto y se sentó al borde de la cama.

—¡Menudo aspecto el tuyo, hijo! A tu edad deberías tener algo de grasa en las costillas, porque estás creciendo. Pero, ¡mírate! Cada día estás más delgado, con más ojeras, más pálido y... ¿Cuánto tiempo va a durar esto?

—Tres años, ya lo sabes.

Ella meneó la cabeza.

—Sí, sí, pero todo esto es innecesario, Berni. ¿Por qué eres tan tozudo? ¿No te hemos mantenido hasta hoy? ¿Crees acaso que no seríamos capaces de mantener dos años más? Nadie te obliga a ganar dinero. De eso sc encarga papá, y yo tengo mis ahorrillos. Nos las arreglaremos perfectamente sin el dinero que tú entregas. Así estarás más descansado, podrás acudir al colegio con más tranquilidad y todo te resultará más fácil, además de lo que ganarás en salud.

—El nocturno es para gente trabajadora. Si no trabajas, no te admiten.

—No sé si has elegido el camino acertado, Berni...

—Pues yo sí, y eso es lo único importante.

La madre se levantó.

—No duermes lo suficiente. ¿Hasta qué hora te quedaste ayer?

—Hasta poco después de las once.

—¡No me mientas, Berni! Alrededor de las doce y media aún se veía luz por debajo de la puerta.

—Es que me quedé dormido. Cuando me desperté, me desnudé y apagué la luz.

—¡Tienes que levantarte a las seis!

—Ya lo sé. En la empresa la verdad es que no me mato a trabajar y siempre encuentro algún hueco para descansar un ratito. Mis compañeros son muy amables. Cuando alguna vez me duermo, ellos vigilan para que nadie me vea. Al principio no imaginaba ni por lo más remoto que llegaran a ser tan amables.

—¡Eso no es vida!

—Sólo durará un par de años.

—¿Y si un buen día te da un síncope de puro agotamiento?

—¡Valiente tontería! Ni que yo fuera un enclenque enfermizo...

—¿Qué vas a conseguir con toda esta tortura? Al cabo de los tres años, quiero decir.

Bernhard soltó el bolígrafo, unió las manos sobre el cuaderno y miró a su madre con una expresión que denotaba a las claras su convencimiento íntimo de que el estudio por esa noche había finalizado:

—¡Estoy cansado de explicártelo, mamá! Entonces habré conseguido terminar el bachillerato y con él aumentarán mis oportunidades para encontrar trabajo. Si no te gusta verme durante toda la vida trabajando como obrero no especializado, haciendo paquetitos, deberías alegrarte de que ahora me esfuerce mucho más, y tú no debes importunarme porque entonces me acueste más tarde.

—Sí, sí. Ya me voy. Lo que es demasiado es demasiado, vamos, digo yo...

Cuando salió de la habitación, Bernhard empuñó de nuevo el bolígrafo.

No habían transcurrido cinco minutos cuando la madre abrió otra vez la puerta empujándola con el codo. Bernhard se volvió para quejarse de la nueva interrupción, cuando vio que ella traía una bandeja con una taza de cacao y un platito de pastas.

—¡Chsss! Está bien, está bien, no quiero molestar —susurró, y tras depositar la bandeja sobre la mesa, salió presurosa.

43

Algunos días, al finalizar su jornada laboral, Bernhard hallaba ante la puerta de la fábrica a Dieter, sentado en su bicicleta y con los pies apoyados en el borde de la acera. Empujaba su máquina hasta situarse a la altura de su «hermano mayor» y acto seguido empezaba a hablar. En ocasiones permanecía en silencio, limitándose a sonreírle mientras caminaba mudo a su lado hasta el pequeño kiosco situado frente al colegio en el que se impartían las clases nocturnas. Una vez allí, se montaba en el sillín de un intrépido salto y gritaba:

—¡Adiós!

Luego se alejaba pedaleando.

A Bernd ese comportamiento le gustaba.

Ese día también le esperaba Dieter, y con muchas ganas de hablar, por lo visto.

—¡Ha escrito Uwe! —le gritó a Bernd apenas le vio en la puerta.

—¡Estupendo! ¿Cómo le va?

—Según él, bien. ¿A que no te imaginas qué es ahora?

—Pues no. ¿Qué es?

—Cocinero.

—¿Quieres decir que trabaja en la cocina del talego?

—¡Ha conseguido una verdadera plaza de aprendiz! ¡Le están enseñando el oficio de cocinero! Antes esa profesión no le disgustaba, pero tampoco estaba muy seguro.

—¿Una plaza de aprendiz, dices?

—Sí, hombre, sí. Hoy pareces corto de entendederas.

Bernd le propinó al pequeño Dieter tal palmada en los hombros que éste perdió el equilibrio y estuvo a punto de caerse de la bicicleta.

—Una plaza de aprendiz —murmuró Bernhard—. De modo que será cocinero...

Y comenzó a reírse con una risa breve y seca, que fue aumentando de tono hasta convertirse en una franca carcajada, como si acabara de oír el chiste más desternillante del mundo.

Dieter detuvo su bicicleta, miró a Bernd con los ojos abiertos como platos y preguntó al fin:

—¿Te has vuelto loco de repente?

—No, ¡qué va! —aseguró Bernd conteniéndose con cierto esfuerzo—. Es que me he dado cuenta de que yo no había tenido en cuenta esa posibilidad.

—¡No te comprendo!

—¡Mejor!

Un ratito después, Dieter añadió:

—¿Sabes qué más cuenta?

—¿Qué?

—Que desea permanecer en la cárcel el tiempo suficiente para finalizar su aprendizaje, porque en caso contrario, todo habrá sido en balde.

—Hmmm... Contéstame a una pregunta, Dieter: ¿te parece normal que tu hermano quiera seguir en el talego mucho tiempo más?

—¡Lo hace todo por su plaza de aprendiz!

—Precisamente —concluyó Bernd—. Oye, Dieter, yo, desde luego, no le veo la gracia.

44

A veces le resultaba muy duro. Bernhard se preguntaba entonces si sería capaz de aguantar hasta conseguir su objetivo. El trabajo en la fábrica no le suponía demasiado esfuerzo, pero eran ocho horas al fin y al cabo, ocho horas de pie. Luego un descanso para tomar un vaso de leche y un bocadillo en el kiosco situado frente al colegio, la clase y por último el regreso a casa en autobús. Salía a las seis de la mañana y volvía a las diez y media de la noche, y eso cuatro días a la semana.

Su madre no cesaba de refunfuñar, acusándole de haberse metido en camisa de once varas; su padre le animaba, aunque en el fondo ambas actitudes le parecían intrascendentes. Todo dependía única y exclusivamente de él. En Bernhard se había asentado una constancia tan tenaz que en ocasiones hasta a él mismo le asombraba.

Se había propuesto una meta, y quería demostrarles a sus padres y al resto del mundo, pero sobre todo a sí mismo, que era capaz de conseguir su propósito.

A veces, sin embargo, cuando el cansancio hacía mella en él, se preguntaba si tanto esfuerzo serviría para algo.

Incluso en el caso de que aprobara los exámenes, acabaría con diecinueve años. A esa edad ya no podría aspirar ni en sueños a una plaza de aprendiz. Sería el momento de ingresar en filas, y después tendría que volver a empezar desde el principio. ¿Quién iba a contratar como aprendiz a un joven de veintiuno o veintidós años? De ser esto posible, uno finalizaría su formación profesional cuando su propio hijo acudiera ya a la escuela.

¡No importa!

Estas reflexiones jamás duraban demasiado. Bernhard constató con sorpresa que sus estudios actuales le proporcionaban una alegría que nunca había sentido durante su escolarización obligatoria. Entonces era una obligación; ahora, sin embargo, estudiaba porque él lo había elegido. Quizás en ese matiz radicaba la diferencia decisiva.

—¡Eh, tú! ¡Tienes que bajarte! —le avisó el conductor del autobús mientras intentaba despertarlo sacudiéndole por los hombros.

—¡Gracias! —respondió Bernd, completamente adormilado.

Descendió. Llovía. El viento racheado le arrojaba al rostro una cortina de agua. Se levantó el cuello del anorak, se sujetó la cartera bajo el brazo para meter las manos en los bolsillos, y se encaminó a su casa.

En el preciso momento en que, tras hurgar

en su bolsillo, extraía la llave, su madre abrió la puerta y le estrechó entre sus brazos.

—¡Al fin has llegado, hijo!

¿Qué demonios sucedía?

Su padre no le esperaba en la cocina, sino en el salón. Sobre la mesa se veía una botella de vino, tres vasos y un candelabro.

«¡Maldita sea!», pensó Bernd. «¿Habré olvidado el cumpleaños de alguien?»

—¿Qué pasa aquí? —preguntó mientras se quitaba el agua de la cara con el dorso de la mano—. ¿Es Navidad?

—Ante todo, quítate la ropa mojada y sécate el pelo con una toalla —ordenó su madre—. Luego te enterarás. Ya puedes ir sirviendo, Karlheinz.

Cuando Bernd volvió a la habitación, su padre alzó el vaso en dirección a él.

—¡En fin, hijo mío, a tu salud!

—¿Por qué? ¿Qué os pasa? Si creéis que hoy es mi cumpleaños, os equivocáis de plano, porque aún quedan tres meses.

—Existen otros motivos y otras ocasiones en que se felicita a la gente, no sólo cuando cumplen años —explicó el padre.

—¿Otros motivos? ¿Cuáles? No me he prometido, ni me he casado, ni he tenido un hijo, ni me han concedido la Gran Cruz del Mérito, ni me ha tocado la lotería...

—Supongamos por un momento que te adjudicaran una plaza de aprendiz, por ejemplo. Una plaza extraordinaria. No sería motivo suficiente...

—¡Claro que sí! La cuestión es dónde y con quién.

—En la empresa. Puedes empezar, si lo deseas, mañana temprano.

—Pero si en la empresa sólo admiten aprendices en la oficina...

—Justo. Si lo deseas, a partir de mañana entrarás como aprendiz de la carrera mercantil.

A continuación su padre le refirió con todo detalle y evidente placer lo sucedido ese día:

—Figúrate. Hoy he tenido que hacer un viaje a Frankfurt con Seeger. Ida y vuelta. A la ida apenas ha abierto la boca. Seguro que las preocupaciones le bullían en la cabeza. Iba a entablar una negociación muy importante con un banco de la ciudad. Durante el trayecto de regreso, sin embargo, se ha mostrado muy expansivo y de muy buen humor. Ha hablado de esto y de aquello, y al cabo de un rato, ya en las cercanías de Giessen, mientras yo dedicaba toda mi atención a la carretera porque el tráfico arreciaba al ser fin de semana, Seeger me ha soltado de sopetón: «Willnow, en los últimos meses hemos vigilado estrechamente a su hijo, a Bernhard. Yo le advertí a usted en su momento que le tendríamos a prueba en la sección de embalaje, ¿no es verdad?» Yo me he llevado un susto de muerte. «¿Y...? ¿Ha cometido algún disparate el granuja?», le he preguntado. «Si ha metido la pata, le ruego que me lo diga, señor Seeger, que yo me encargaré de meterlo en cintura...» «No, no ha cometido ningún disparate, Willnow», me ha respondido él. «Al contrario, su comportamiento ha constituido para nosotros una grata sorpresa. ¡Hay que ver cómo se desenvuelve ahí abajo, en la sección de embalaje...! ¡No se despista ni un segundo! En la actualidad ya trabaja mejor que algunas de las mujeres que llevan años en el negocio. Se ha ganado la consideración general de sus compañeros. Le aprecian. Lo crea usted o no, Willnow, incluso vigilan para que no le descubran cuando se tumba en las virutas a dormir un cuarto de hora. Debe tener por fuerza un carácter simpático el muchacho o no le encubrirían.» «Nos hemos esforzado al máximo en su educación», agregué yo. «Y además es nuestro único hijo. Si es cierto que se ha quedado dormido alguna vez, es fácilmente comprensible, y usted lo entenderá, aunque no volverá a ocurrir. Ya hablaré con él de ese asunto, señor Seeger.»

Bernhard olió el vino de su vaso, dio un pequeño sorbo y miró a su padre a través del líquido color rubí.

—¿Por qué no vas al grano de una vez?

—Despacio, despacio. ¡No hay que precipitarse! Cuando oí su respuesta no daba crédito a mis oídos porque el gerente estaba diciendo: «Lo sé, lo sé, los estudios nocturnos tienen la culpa. Eso merece todos mis respetos. Porque cuando uno dedica tanta energía...» «A lo que le gusta», completé yo. «Gente así es lo que necesitamos, Willnow», replicó él a su vez. «Dígale a su hijo que si lo desea puede comenzar mañana mismo con nosotros como aprendiz de la carrera mercantil. Con una sola condición. Usted sabe que en las oficinas únicamente colocamos a gente con bachillerato superior. En este caso no vamos a infringir la regla, sino a anticipar el empleo. Su hijo puede empezar enseguida, pero deberá conseguir al mismo tiempo el certificado de haber cursado estudios secundarios. No le resultará nada fácil, pero si lo logra... Gente inteligente... No me cansaré de repetirlo...»

Willnow padre miró a su hijo con aire interrogante.

—¿Qué te parece?

—¿Estudios mercantiles? —preguntó ensimismado Bernhard—. ¿Por qué no? A lo largo de los últimos tiempos he llegado a darme cuenta de que estudiar también puede ser divertido. Así que puedes responderle que acepto su oferta.

—Díselo tú mañana por la mañana. ¡En persona!

La madre empujó hacia Bernhard un plato con pastas.

—¡Toma! —invitó ella—. Mi intuición no me engañaba. Desde el principio supe que todo esto acabaría bien. Las cosas siempre salen bien de una forma u otra si no te desanimas…

Bern cogió una pasta, la mordisqueó y concluyó:

—Lo único que no sé es si mi caso es un caso corriente…

ESTE LIBRO
SE ACABO DE IMPRIMIR
EN LOS TALLERES GRAFICOS
DE ANZOS, S. A.
FUENLABRADA (MADRID)
EN EL MES DE ABRIL DE 1991

JUVENIL
ALFAGUARA

OTROS TITULOS PUBLICADOS

388. Angela Sommer-Bodenburg
EL DIABLILLO QUE VINO EN LA LLUVIA
Ilustraciones de Amelie Glienke
Traducción de Rosa Pilar Blanco

389. Robert Saladrigas
EL VIAJE PRODIGIOSO DE FERRAN PIÑOL
IV
(OCEANIA)
Ilustraciones de Tino Gatagán
Traducción de Basilio Losada

390. William Corlett
EL TRASGO PETRIFICADO
Traducción de Miguel Martínez-Lage

391. Agustina Bessa-Luís
DIENTES DE RATON
Ilustraciones de Araceli Sanz Nieto
Traducción de Eduardo Naval Herrero

392. Philippa Pearce
EL JARDIN DE MEDIANOCHE
Ilustraciones de Susan Einzig
Traducción de Joaquín Fernández

393. Alan Garner
LA PIEDRA FANTASTICA DE BRISINGAMEN
Traducción de Marta Sansigre

394. Chris Donner
TRES MINUTOS MAS DE SOL
Traducción de Mario Merlino

395. Brock Cole
LAS CABRAS
Ilustraciones del autor
Traducción de Jesús Pardo de Santayana

396. Vera Cleaver
DULCE BLUE
Traducción de Pedro Barbadillo

397. Roberto Piumini
CUENTOS DEL HORIZONTE
Ilustraciones de Cecco Mariniello
Traducción de Pilar Jimeno y Germán Merinero

398. James Aldridge
LA SILLA DE MONTAR ROTA
Traducción de Joaquín Fernández

399. Carmen de Posadas
EL MERCADER DE SUEÑOS y otros relatos
Ilustraciones de Alicia Cañas Cortázar

400. S. E. Hinton
DOMANDO AL CAMPEON
Traducción de Miguel Martínez-Lage

401. C. S. Lewis
EL SILLON DE PLATA
Ilustraciones de Pauline Baynes
Traducción de Miguel Martínez-Lage

402. David Henry Wilson
VACACIONES EN EL MAR
CON JEREMY JAMES
Ilustraciones de Patricia Drew
Traducción de Germán Merinero y Pilar Jimeno

403. Jordi Sierra i Fabra
KAOPI

404. Angela Sommer-Bodenburg
EL PEQUEÑO VAMPIRO
Y LA GUARIDA SECRETA
Ilustraciones de Magdelene Hanke-Basfeld
Traducción de José Miguel Rodríguez Clemente

405. José Antonio del Cañizo
LOS JIBAROS

406. Beverley Naidoo
CADENA DE FUEGO
Traducción de Pedro Barbadillo Gómez

407. Uri Orlev
UNA ISLA ENTRE LAS RUINAS
Traducción de Pablo Valero Buenechea